KB194447

어느 목회자
아내의 이야기

어느 목회자 아내의 이야기

발행일   2023년 8월 4일

지은이   육해솔
펴낸이   손형국
펴낸곳   (주)북랩
편집인   선일영   편집   정두철, 배진용, 윤용민, 김부경, 김다빈
디자인   이현수, 김민하, 김영주, 안유경   제작   박기성, 구성우, 변성주, 배상진
마케팅   김회란, 박진관
출판등록   2004. 12. 1(제2012-000051호)
주소   서울특별시 금천구 가산디지털 1로 168, 우림라이온스밸리 B동 B113~114호, C동 B101호
홈페이지   www.book.co.kr
전화번호   (02)2026-5777   팩스   (02)3159-9637

ISBN   979-11-6836-115-7 03230 (종이책)   979-11-6836-254-3 05320 (전자책)

(주)북랩 성공출판의 파트너

북랩 홈페이지와 패밀리 사이트에서 다양한 출판 솔루션을 만나 보세요!

홈페이지 book.co.kr   •   **블로그** blog.naver.com/essaybook   •   **출판문의** book@book.co.kr

작가 연락처 문의 ▸ ask.book.co.kr

작가 연락처는 개인정보이므로 북랩에서 알려드릴 수 없습니다.

어느 목회자 아내의 이야기

육해솔 지음

육신의 고통을 딛고
하나님의 부르심에 응답하여
생과 사를 겸허히 받아들이는 이야기

　마음의 생각을 글로 나타낸다는 것은 보통 어려운 일이 아니다. 육 사모님이 마냥 현모양처로서 남편을 봉양하고 자녀들을 돌보는 평범한 장삼이사의 여자인 줄 알았는데, 지금까지의 삶을 일목요연하게 글로 나타낸 것을 보고 놀랐다. 그의 삶의 여정 중 육신의 고통을 통해 하나님과의 은밀한 속삭임, 뉴질랜드에서의 고달팠지만 하나님께서 인도하신 삶, 직장에서 경험했던 상황들을 세세하게 쓴 것을 보고 마치 아티클(소논문)을 읽는 것 같았다. 육 사모님에게 지어 준 새로운 별명이 있다. 뉴캐슬(Newcastle)이라고. 새로운 성을 만드는 사람이 되시라는 뜻에서다. 아무튼 자기의 삶을 책으로 출간한 것을 축하드린다. 앞으로의 삶도 주님의 날개 아래 가족들과 포근히 안겨 행복한 나날들이 되기를 원한다. 다시 한번 축하드린다.

공주중앙성결교회 원로 목사

진상선

이 책에는 목회자의 아내와 심리 상담사로서의 진솔한 애기가 담겨 있습니다. 깊은 신앙 체험과 함께 구체적 삶 속에서 세밀하게 역사하시는 하나님의 음성을 느낄 수 있습니다. 지은이는 맑고 깨끗한 영혼의 소유자입니다. 거친 광야 같은 세상에서도 사모로서의 소명감을 잃지 않고 견고하게 견지하며 상담가로서 영혼 구원에 힘쓰는 모습에 경의를 표합니다. 아무쪼록 이 책을 읽는 독자가 마음의 감동을 얻고 이 책에 등장하는 사람들이 체험한 하나님의 사랑을 함께 느꼈으면 하는 마음 간절합니다. 책을 적극적으로 추천합니다.

서울신학대학교 교수

강병오

추천사

　안녕하세요?『어느 목회자 아내의 이야기』를 읽고 추천사를 부탁받았네요. 이 책을 세 페이지 읽은 뒤에 처음 들었던 생각은 "인간은 정말 나약하다"라는 것이었습니다. 대부분의 사람들은 인생을 살면서 도전에 실패했을 때, 몸이 좋지 않을 때, 원하는 것을 얻지 못했을 때 등 많은 실패를 경험하면서 '도대체 내가 뭘 잘못했길래?', '왜 나한테만 이런 일이 생기는 거지?'라는 생각을 품고 누군가를 원망하곤 합니다.

　필자는 간증을 통해 극한의 상황 속에서 하나님이 우리의 삶에 역사하심을 증명하고 있습니다. 하나님께서 계획하고 계심을 깨닫고, 삶을 개척하면서 헤쳐 나가는 모습을 보여 주고자 합니다.

　책을 읽으면서 저 또한 과거를 되돌아보았고, 힘들었던 순간이 떠오르면서 지금, 앞으로의 나를 계획하셨기 때문에 '과거의 순간들을 계획하셨었구나'라는 생각이 들었습니다.

현대인들 중에 취업에 실패하고, 꿈을 쫓아가다 뒤처진 사람들…. 하나님께서 계획하심을 믿고 기도로 헤쳐 나가길 바라는 마음으로 이 책을 추천하고 싶습니다.

예수께서 이르시되 할 수 있거든이 무슨 말이냐 믿는 자에게는

능히 하지 못할 일이 없느니라(막9:23)

육군 장군

신창대

알 수 없는 질병으로 고통받던 중 하나님의 구원을 받은 딸로, 그 길만은 가지 않게 해 달라고 기도했으나 굳이 그 길로 가게 하신 하나님.

목회자의 사모로, 수많은 고민들과 고통 속에 살아가는 직장인들의 이야기를 들어 주고 상담해야 하는 상담자로, 천신만고 끝에 기적같이 선물로 주신 두 아이의 좋은 엄마로.

어느 것 하나 쉽지 않았을 인생의 여정을 오직 하나님의 인도하심만 의지하며 걸어온 저자의 삶은 참으로 고되고 힘들었지만, 그럴수록 하나님께 대한 감사는 더욱 뜨거워졌습니다.

이 책은 내 인생은 내 것이니 내 마음대로 살겠다고 고집부리는 이 시대 사람들에게, 하나님만 의지하는 삶, 하나님의 강권적 인도하심을 따라가는 삶을 선택하는 것이 어떤 의미를 만들어 내는지 간접적으로 체험하게 함으로써, 마음을 새롭게 하여 변화받는 삶을 선택하는 데 주저하는 이들에게 많은 도전을 주리라 확신하며 권해 주고 싶습니다.

계룡대 본부교회 장로, 직장 동료

이재욱

내가 공군 병영 생활 상담관으로 근무할 때였다. 청주 공군사관학교에 연수를 받으러 갔다가 우연찮게 함께 방을 쓰게 된 공군 성고충 상담관이 있었다.

그녀는 170센티미터의 훤칠한 키에 이목구비가 뚜렷하고 시원해 보이는 사십 대 여성으로, 꽤나 귀티 나게 자랐을 것 같다는 인상을 주었다. 하룻밤을 함께 지내며 알 수 없는 이끌림으로 대화를 나누다 우리는 같은 기독교인임을 알게 되었다. 그녀는 사모이자 목회자로서의 살아온 삶을 나누었는데 한 편의 복음서요 신 사도행전 같은 삶을 살아내고 있었다.

이후 그녀가 책을 내면서 감수를 도와 달라는 요청을 받으며 우리는 성령 안에서 교제의 끈이 연결되어 지금도 안부나 말씀 묵상을 나누며 지내고 있다. 그녀가 살아온 삶의 이야기를 들으며 받았던 놀라운 감동은 한 편의 영화를 본 감격과는 비교가 되지 않는 것을 안다.

왜냐하면 그녀의 스토리는 실제 이야기이며 현재 진행 중이기에 그렇다.

이 시대 리얼 크리스천을 만나는 감동, 하나님을 만나고 시련을 극복하면서 하나님 뜻대로 가정을 이루고 중인된 삶을 사는 신앙인의 진솔한 이야기는 일그러지고 위선적이기 쉬운 크리스천들에게 반성과 감동의 기회를 줄 거라 믿는다. 그렇기에 많은 사람들이 함께 이 책을 읽고 그 감동을 누릴 수 있으면 좋겠다.

고신대 상담학 박사/부산 마음심리 상담 연구소

김은희

"키 큰 사람은 싱겁다"는 말이 있지요. 외모보다 내실을 본다는 의미에서 나온 말인 듯합니다. 육해솔 사모님은 훤칠한 키에 뽀얀 백옥 피부가 돋보이는 외모를 갖추셨습니다. 결코 싱거운 분이 아니란 말씀을 드리고 싶어 키 이야기를 먼저 꺼내었네요.

성경에 '교만은 패망의 선봉이요 거만한 마음은 넘어짐의 앞잡이니라', '겸손한 자와 함께 하여 마음을 낮추는 것이 교만한 자와 함께 하여 탈취물을 나누는 것보다 나으니라'(잠언 16:18~19)라는 말씀이 있습니다. 겸손이라는 것은 나를 낮추는 의미도 있지만, 성경적으로 볼 때는 나를 내려놓고 하나님을 높인다는 뜻이겠지요. 하나님을 높이는 믿음, 그것이 낮은 자세로 세상을 살 수 있는 지혜요 곧 하나님께 드리는 찬양일 테니까요.

육해솔 사모님도 한때는 꽃처럼 아름다운 소녀였고, 딸이고, 아내이고, 엄마입니다. 육신대로 생각하면 한없이 연

약해질 수밖에 없는 것이 인간이지 않습니까? 그럼에도 불구하고 육신의 고통을 하나님께 맡기고 하나님의 인도하심을 따라 살면서, 사모님의 자신감은 스스로 겸손하여 순종하는 방법을 어린 나이에 깨우치신 모양입니다. 극도의 고통을 견디며 죽음의 공포와 맞서야 했던 순간에 어찌 그리 침착하고 의연해질 수 있었을까요? 하나님께 간절히 기도하는 육해솔 사모님은 적군을 물리치고 돌아오는 장수 중의 장수, 아니, 영웅이었습니다.

> "제 안에는 주님께 전부를 드리고 싶은 마음으로 가득 찼습니다. 주님, 저는 이 시간 죽었습니다. 이후로도 죽겠습니다. 나를 통해 주님만 드러나는 삶을 살기를 원합니다."라고 고백하였습니다. 5개월간 72회의 항암 주사를 맞으며, 암세포와 함께 자만은 죽었습니다." (글의 일부 발췌)

하나님은 겸손한 사람을 합당한 일꾼으로 사용하시는가 봅니다. 얼마 전 교회에서 청소년부 학생들을 대상으로 성교육 강의를 하시는 사모님을 보았습니다. 하나님은 '중심'을 보신다고 하셨는데, 웬일인지 그날 저는 사모님의 외모를 보게 되었습니다. 왜냐하면 글 교정을 부탁하셔서 글을 읽는데, 텔레비전 프로그램 정보 〈이것이 인생이다〉 주인공쯤 되어도 어색하지 않을 것 같다는 생각에서지요.

글을 읽어 내려 가는 내내 감정 이입으로 마음 한구석에 묻어 두었던 제 고통도 들추게 되어 한없이 울었습니다. 그렇게 적잖은 충격을 받았기 때문입니다. 강단에서 긴 시간 동안 서 계실지, 작은 음성이 아이들의 집중을 방해하지 않을지, 그날의 사모님 건강 상태를 살피기 급급했기 때문입니다. 제 생각은 보기 좋게 빗나갔습니다. 여호와 하나님이 계셨다는 걸 까맣게 잊고 있었던 거지요. 대찬 목소리, 품위 있는 언어, 사모님의 인품 하나하나 저를 감동케 하셨습니다.

하나님의 주권에 따라 택하셔서 육해솔 사모님을 세우고 이 땅에 주님의 뜻과 계획을 온전히 이루어 가는 중이라는 걸 늦게 서야 깨닫고 가슴이 뭉클했습니다. 가장 간사한 것은 혀가 아니고, 내 머릿속을 지배하는 생각이란 녀석이 아닐까 생각하면서 회개하였습니다.

어느 목회자 아내의 이야기

사람들은 이러지도 저러지도 못하는 절체절명의 순간에 맞닥뜨리면 어떠한 신이라도 믿어 보겠다고 굳은 다짐을 합니다. 모두가 안 된다고 할 때 기적을 바라는 사람들의 마음은 더 간절히 누군가 의지하고 싶기 때문일 것입니다. 막막한 현실을 애써 외면하려는 본능적인 성향이 아마도 신에 기대게 되었겠지요.

　　하나님이 우리를 택하시고 그리스도 안에서 믿음을 갖게 하는 은혜를 주심으로 인간의 운명이 결정되는 것을 저는 육해솔 사모님의 글을 통해 다시 한번 깨닫게 되었습니다. 하나님의 놀라운 능력과 육해솔 사모님을 통해 이루실 하나님의 크고 놀라운 계획이 무엇일지 여러분도 이 책을 통해 알게 되실 것입니다.

공주중앙성결교회 집사

이상머

　나의 사랑하는 친구, 하나님을 바라보며 차분히 겸손히 걷는 사람.

　우리는 같은 아파트 맞은편 동에 삽니다. 전 직장의 선임, 후임이기도 하고요, 지금은 같은 일을 하고 있는 동료입니다. 하나님을 믿는 우리는 두 아이의 엄마이기도 하니 많은 공통분모를 가지고 있습니다. 무엇보다 어느 날 오랜 시간 나눈 대화를 통해 우리가 종류는 다르지만 고난 속에서 하나님을 만났다는 큰 공통분모를 하나 더 가지고 있다는 것을 알았습니다.

　소중히 써 내려 간 글을 읽으며 하나님께서 그 사랑하는 자를 통해 어떻게 역사하시는지 잔잔히 들여다보게 됩니다. 이 책을 읽는 모든 분들께서 하나님의 사랑을 다시 한번 생각하고 따뜻한 그 사랑에 머물게 되는 시간이 될 거라고 생각합니다. 책을 읽는 동안 하나님을 만나는 시간이 되길 기도합니다.

사모로, 상담자로, 두 아이의 엄마로, 무엇보다 지혜로운 여성으로 한 영혼을 사랑하는 마음을 가지고 매일을 사는 자. 하나님을 사랑하는 자. 육해솔 사모가 써 내려 간 하나님과의 사랑 이야기에 초대받을 수 있어 감사합니다.

육군 성고충 상담관

이지영

저자의 간증과 함께하는 시간 여행!

"너의 길을 여호와께 맡기라 저를 의지하면 저가 이루시고"

(시37:5)

이 책은 로드십(Lordship)의 실재를 오롯이 담고 있는 책입니다. 책의 전체를 이루고 있는 저자의 간증은 자기를 사랑하는 이 시대에 우리의 연약함을 하나님의 강하심으로, 우리의 빈 마음을 예수님의 사랑으로, 우리의 향방을 성령님의 인도하심으로 채울 때 일어나는 놀라운 일들을 독자들에게 소개하고 있습니다. 이 책은 로드십(Lordship) 안내서입니다. 곤고한 날이 이르기 전에, 나는 아무 낙이 없다고 할 해들이 가깝기 전에(전12:1) 이 책을 통하여 하나님께서 인도하시는 삶의 정수를 경험하시기를 축복합니다.

빛들교회 사모

김현경

천 번 만 번을 불러도 감사한 분. 모태에서부터 하나님을 듣게 해 주신 어머니 황순선 권사님과 얼마 전 고인이 되신 아버지 육정근 장로님께 이 책을 바칩니다. 저의 부모님들은 세상적인 지식은 짧지만, 하나님이 주신 지혜와 성경적인 기준으로 저를 키우셨습니다.

당신들이 보여 주신 사랑으로 인해 저는 예수님을 만날 수 있었고, 예수님의 사랑을 나누며 살게 하셨습니다. 그리고 신앙을 물려주신 것과 더불어 평생 기도의 선물까지 주셨습니다. 제가 어린 시절부터 사모가 되기를 바라며 홀로 기도하셨던 아버지, 칭찬과 지지를 아끼지 않으시는 어머니, 아직도 변변치 못한 목회의 여정을 묵묵히 바라봐 주시며 기도로 후원해 주심에 감사합니다.

저는 소개를 통해서 배우자를 만나게 되었습니다. 그리고 지난 온 13년 동안 반쪽의 삶을 충실히 살아 준 최송 목사님! 당신이 있어서 안정감을 느꼈고, 든든했으며, 은은

한 행복을 누릴 수 있었습니다. 살아 보니 시간이 지날수록 나에게 당신은 더 소중하고 귀한 존재입니다. 누군가 저에게 "다시 태어나도 현재의 남편과 결혼하고 싶냐"고 물었습니다. 그때 저는 "네, 결혼하겠습니다." 하고 대답했습니다. 십 년이 넘도록 살아오면서 크고 작은 실수나 시행착오들이 있어서 당황하기도 하고 부끄럽기도 했던 일들이 있었지만, 한 번도 저를 향해서 "당신이 잘못한 것"이라고 말하지 않았고 아껴 주었습니다. 그 덕분에 제가 목회자의 사모로 행복한 삶을 살 수 있는 자신감을 얻었습니다. 저도 남편의 인격을 존중할 뿐 아니라 닮고 싶습니다. 이제는 그냥 든든하고 믿음직스러운 제 남편이어서 좋습니다.

이 책이 나오기까지 제 안에는 작은 파동이 있었습니다. 직장인, 엄마, 아내, 학생의 역할도 빠듯한데 글을 쓴다는 것은 큰 부담으로 다가왔기 때문입니다. 그래도 가끔씩 글을 쓰고 싶다는 생각은 들었습니다. 그러던 어느 날 고등학교 시절부터 글쟁이였던 친구에게 연락이 왔습니다. 저는 조심스럽게 글 쓰는 얘기를 꺼냈더니, 친구는 적극적으로 글을 써 보라고 저에게 말했습니다. 책이 나오기까지 응원해 준 친구 강병구 목사님께도 고마움을 전합니다.

글을 세상에 내보낼 수 없어서 고민하고 있을 때, 지인으로부터 황의곤 교수님을 소개받았습니다. 교수님은 허리 통증으로 힘듦에도 불구하고 저의 감수 요청을 수락해 주셨습니다. 깊은 영성 가운데 지혜로움을 느낄 수 있게 해 주신 교수님께 깊은 감사를 드립니다.

저는 2년간 공주중앙성결교회에서 아동부 전도사를 하였습니다. 함께 아이들을 섬겼던 교사들은 10~30년 정도의 경력이 있었습니다. 이들은 하나님께서 준비시킨 신실한 일꾼들로 신앙과 생활에 본이 되는 분들이었습니다. 그러므로 저희 선생님들을 만난 것은 축복 그 자체입니다. 글로는 표현이 안 되는 지극히 부족한 저를 사랑으로 덮으시고, 감싸 주신 김미경, 김혜숙, 심상돈, 유순호, 유재용, 윤미경, 이성순, 이영주, 임성민, 주은희, 진예은, 한송이, 황경심 선생님들께 깊은 감사를 드립니다. 천국에서 해같이 빛날 여러분을 온 마음을 다하여 사랑하고 존경합니다.

공주중앙성결교회 아동부 전도사의 역할을 내려놓으며 교사분들께 작은 선물을 드리고 싶었습니다. 고민 끝에 그동안 전했던 이야기를 엮어 드리면 좋겠다는 생각에 이르렀습니다. 시간이 흘러 이 책을 펼쳤을 때, 머리에 떠오르는 따뜻했던 기억의 그림들을 꺼내어 추억하였으면 어떨까 해서입니다.

저는 목회자의 아내이면서 직장에서는 상담자입니다. 상담 센터에서 근무하던 어느 날, 점심시간에 산책을 하다가 불현듯 "하나님, 앞으로 저는 무슨 일을 하고 살면 좋을까요?" 하고 묻게 되었습니다. 제 마음 가운데 이 말씀이 강하게 울렸습니다.

> 주 여호와의 영이 내게 내리셨으니 이는 여호와께서 내게 기름을 부으사 가난한 자에게 아름다운 소식을 전하게 하려 하심이라. 나를 보내사 마음이 상한 자를 고치며 포로된 자에게 자유를, 갇힌 자에게 놓임을 선포하며(이사야 61:1)

어느 목회자 아내의 이야기

'그래! 내 옆의 형제와 자매를 상담으로 도우라고 하는구나.' 제가 하고 있는 일에 확신을 갖게 되었습니다. 저는 상담을 할 때마다 느끼지만, 도구에 불과한 상담자입니다. 성령님께서 내담자의 상한 마음을 만지고, 회복시키는 것을 경험합니다. 그렇기에 내담자 앞에 앉으면, 주님의 도움이 절실합니다. 이 책에는 상담자와 내담자로 만난 분들의 이야기도 실려 있습니다. 내담자를 보호하기 위해 내용을 각색해 대상을 특정하지 못하도록 하였습니다.

목차

1부

2부

3부

1부

다시 학교에 가고 싶어요

그가 내 앞으로 지나시나 내가 보지 못하며 그가 내 앞에서 움직
이시나 내가 깨닫지 못하느니라(욥기 9:11)

저는 한때 교복을 입고 학교에 다니는 친구들이 가장 부
러울 때가 있었습니다. 중학교 3학년부터 온몸의 뼈가 아
프기 시작해서 고등학교 2학년 때까지 진행이 되어 학교생
활을 중단할 수밖에 없었습니다. 자리에 앉아 있을 수도 없
고 머리에 통증이 느껴지면 칠판의 글씨가 보이지 않았습
니다. 급기야 의지와 상관없이 손가락이 조금씩 돌아갔습
니다. 온몸이 붓고 식은땀을 흘리며 통증과 싸워야 했지만,
어느 병원에서도 병명을 알 수 없다는 얘기만 하였습니다.
점점 깊어져 가는 병마에 저는 지쳐 갔고, 저를 보시는 부
모님의 속은 까맣게 타들어 가지 않았을까요? 자식을 낳고
부모가 되고 보니 이제야 저보다 더 아팠을 부모님의 심정
이 헤아려져 눈물이 납니다. 아버님은 수소문으로 약재를

어느 목회자 아내의 이야기

구해 오서서 다리느라 집안 곳곳 약 냄새가 진동하고, 어머니께서는 의학으로 고치기 힘들다는 결론을 내리셨는지, 새벽마다 옆방에서 간절히 기도를 하셨습니다. 그때의 간절하고, 애끓는 울부짖음은 지금도 귀에 쟁쟁합니다. 감사하게도 그 기도 소리는 저의 삶의 일부가 되어 지금까지 어느 장소에서든 새벽 기도를 드리고 있습니다.

어느 날, 학교에서 점심시간에 식사를 하려고 하는데 입이 벌어지지 않았습니다. 겨우 한 숟가락 밀어 넣고 씹으려는데 이번에는 턱이 움직이지 않았습니다. 친구들에게 내 몸의 이상 징후가 알려질까 봐 입맛이 없다고 거짓으로 둘러대고 조용히 자리에서 일어났습니다. 벌어지지 않는 턱을 움켜쥐고 학교 정원을 하릴없이 배회하고 있는데, 음악실에서 노랫소리가 들려왔습니다. 가까이 가서 보니 미술을 담당하시는 선생님과 학생들이 모여 예배를 드리고 있었습니다. 신기하듯 바라보는 주변의 시선을 의식하지 않고, 낯선 예배의 자리에 앉았습니다. 제 안에는 지푸라기라도 잡고 싶은 심정, 아니, 정확하게 말하자면 살려 달라는 울부짖음이 있었습니다.

자리에 앉자마자 다 같이 '하나님, 한 번도 나를 실망시

킨 적 없으시고, 언제나 공평과 은혜로 나를 지키셨네~' 제가 잘 아는 찬양을 불렀습니다. 문득 '그래, 나 혼자 실망할 뿐이지 하나님은 나를 실망시키지 않을 거야.' 이런 생각이 들었습니다. 잠시 후, 선생님의 설교가 시작되었습니다. 그런데 놀랍게도 38년 된 병자를 고치신 예수님에 대해 말씀하셨는데, 꼭 나에게 주시는 메시지로 들렸습니다. 이것이 성령님의 인도하심으로 확신하고 "예수님, 지금도 살아 계시면 저도 좀 고쳐 주세요." 하고 주체할 수 없는 눈물과 감정을 억제하며 진심으로 기도했습니다. 그리고 이날을 끝으로 학교생활을 중단해야 했습니다. 집에서 쉬면 상태가 호전될 줄 알았는데, 점점 사물이 보이지 않아 벽을 짚고 다녔고, 집에 누워만 있으니 살아야 할 이유가 점점 희박해졌습니다. 병원에서는 진통제 외에는 딱히 다른 처방이 없다 하니, 의학으로 고칠 수 없다면, 제가 매달릴 수 있는 것은 딱 한 가지였습니다. 어릴 때부터 들어 왔던 예수님. 저는 38년 된 병자를 고치신 예수님이 궁금해졌습니다.

더 이상 죽음이 두렵지 않습니다

우리가 살아도 주를 위하여 살고 죽어도 주를 위하여 죽나니 그
러므로 사나 죽으나 우리가 주의 것이로다(로마서 14:8)

하루의 통증이 약해지면 말씀을 보고, 기도하고, 찬양
을 들었습니다. 그때까지만 해도 노여움 반, 간절함 반으로
"제가 도대체 무슨 죄를 얼마나 지었길래 저한테 이러십니
까? 빨리 나아서 학교에 갈 수 있게 해 주세요."라고 기도했
습니다. 그러던 어느 날, 통증과 씨름하며 잠을 자는데 반
짝이는 십자가가 보였습니다. 몸을 일으켜서 눈을 비비며
주변을 살폈습니다. 불이 다 꺼져 주변이 어두웠는데, 보석
으로 만들어진 십자가만 빛나고 있었습니다. 꿈인지 환상
인지 모르겠지만, '신기하네'하며 바라만 보았습니다. 그런
데 '아무런 죄가 없는 예수님도 고통을 당하셨는데, 죄인인
내가 고통을 당하는 것은 당연한 것이 아닌가? 그리고 예수
님이 당한 육체의 고통을 내가 조금이라도 느낄 수 있음에

감사해야겠다'는 생각이 들었습니다. 이렇게 예수님의 고통이 나의 고통이 되면서 기도가 바뀌고, 믿음의 눈으로 바라보기 시작했습니다. 점점 하나님과 함께하는 시간이 좋아졌고, 자연스럽게 예배의 시간도 늘어났습니다.

그로부터 며칠 후, 예배를 드리던 중에 예수님께서 나의 죄 때문에 십자가를 지신 것이 믿어졌습니다. 그리고 오늘 밤 세상을 떠나도 천국에 갈 확신이 생겼습니다. 더 이상 죽음이 두렵지 않았습니다. 너무나 놀랍게도 '살면 주를 위해 살고, 죽으면 천국에 가면 될 것을 왜 그렇게 죽음이 두려웠을까?'라는 생각까지 들었습니다. 죽음의 문제가 해결되니 세상이 완전히 달라 보이기 시작했습니다. 밖으로 나갔는데 새가 저를 향해 지저귀고, 풀과 나무가 춤추며 노래를 하는 것 같았습니다. 그야말로 오감을 통해 하나님의 숨결을 느낄 수 있었습니다. 그전에는 알 수 없는 병으로 학교에 가지 못해 우울의 연속이었는데, 예수님이 마음에 들어오면서 기쁨으로 가득 찼습니다. 믿음이 생긴 만큼 몸에도 변화가 있기를 바랐지만, 감당할 수 없는 통증으로 신음하다 잠이 들었던 날이 더 많았습니다. 하지만, 더 이상 육체의 고통이 저의 영혼까지 아프게 하지는 못했습니다.

저는 완전히 회복되지 않은 상태로 고등학교 3학년 3월에 복학을 하였습니다. 그전의 학교생활과 달라진 점은, 식사 시간 혹은 자유 시간이 되면 음악실에 들어가 기도를 하게 되었다는 것입니다. 통증 때문에 기도를 하지 않을 수 없었던 것입니다. 이렇게 하나님은 3년 동안 기도의 자리에 앉게 하였고, 믿음을 단련하셨습니다. 그리고 그 후, 알수 없는 병명의 고통에서 해방시켜 주셨습니다. 시간이 지나고 보니, 하나님께서 기도 훈련을 제대로 시켰던 것 같습니다.

목회자의 사모가 되라고요?

내게 능력 주시는 자 안에서 내가 모든 것을 할 수 있느니라(빌립
보서 4:13)

고등학교 시절, 기독교 동아리에서 만난 남자 친구가 목
회자 사모에 대해 어떻게 생각하는지 물었습니다. 저는 단
번에 싫다고 하였습니다. 어린 시절부터 교회에서 많은 사
모님들을 봐 왔기 때문입니다. 목사님의 말씀에 어느 사모
님은 매번 작은 소리로 "네" 하셨습니다. 저는 이 모습을 보
면서 '어떻게 평생 큰소리 한 번 내지 않고 주눅 들어 살 수
있지?' 저에게는 불가능한 일처럼 보였습니다. 어린 제가
보기에 개인의 인권보다 완벽한 목회자 아내의 역할 수행
이 더 중요해 보일 때도 있었습니다.

제가 20살 초반부터 사역자의 아내가 되면 좋겠다는 얘
기가 주변에서 들려왔습니다. 그런데 저보다 더 이 말을 부

드럽게 넘기지 못하는 분이 계셨는데, 바로 저의 어머니였습니다. 다른 집 자식이 선교사, 목사, 목회자의 사모가 되는 것은 박수 치며 축하해 줄 일이지만, 내 딸만큼은 목회자의 아내가 되게 할 수는 없다는 것입니다. 어머니의 친구들 가운데 목회자의 사모가 된 분들이 계셨는데, 그들의 어려운 형편을 누구보다 잘 알았기 때문입니다.

저는 27살이 되었을 때, 진지하게 배우자를 위한 기도를 하였습니다. "주님, 제가 목회자의 사모가 되는 것이 주님의 뜻이라면 말씀으로 응답을 주세요. 제가 사모로 살아가는 동안 어려움을 만난다면, 주신 말씀을 붙들고 일어나겠습니다." 저는 사모의 길을 가더라도 확신을 가지고 가고 싶었습니다. 수요 예배, 주일 예배, 성경 공부 시간에 같은 말씀을 주셨습니다. 내게 능력 주시는 자 안에서 내가 모든 것을 할 수 있느니라(빌립보서 4:13). '응답이 아니겠지. 응답이 아닐 거야. 응답이 아니기를…' 동일한 말씀을 네 번째 보고 듣는 순간 눈물이 폭포수처럼 쏟아졌습니다. 온몸에 힘이 빠져서 의자에 앉아 있기도 힘들었습니다.

그리고 이 일을 아무에게도 말하지 않겠다고 다짐했습니다. 다만, 하나님께서 목회자를 앞세우며 "이 사람이다"라고 말씀하실 때, 부정할 수는 없을 것 같았습니다. 지금 생각해 보면, 나를 더 잘 아시는 주님의 계획을 감사로 받지 못했던 것이 죄송할 뿐입니다.

결혼을 왜 해야 하나요?

하나님이 자기 형상 곧 하나님의 형상대로 사람을 창조하시되
남자와 여자를 창조하시고(창 1:27)

29살이 되었던 2008년 12월 29일은 제가 부모님의 그늘을 벗어나 자유인이 된 날이었습니다. 상경하여 일과 공부를 겸해야겠다는 계획을 가지고, 준비하던 중 마침 친구와 같이 살기로 하여 독립을 했습니다. 부모님께서 불안해하시기에 신앙의 코드도 비슷하고, 성격적으로 잘 맞는 고등학교 때의 친구와 함께 살 것이라고 말씀드려 안심하셨습니다. 드디어 서울에서의 첫 생활이 시작되었습니다. 나비가 팔랑팔랑 마음대로 날아다니는 것처럼, 저의 기분도 서울 하늘을 나는 것 같았습니다. 평생 처음 부모님 곁을 떠난 자유로움이란 무엇과도 비교할 수 없고 가벼운 마음이랄까, 혹은 설렘 같은, 혹은 허전함도 느끼는 들뜬 기분이었습니다. 그러나 그 기분이 채 가시기도 전에 친구의 개

인 사정으로 인해 5일 만에 짐을 싸야 했습니다. 어디로 가서 방을 얻어야 할지 서울 지리를 모르는 저로서는 진짜 난감했습니다. 서운함은 접어 두고 부동산과 빈방을 찾아 헤맸습니다. 노량진에 거처를 마련한 후, 월세를 아껴 보자는 생각으로 인터넷에 '함께 살 여자분을 구합니다'라고 글을 올렸습니다. 이 글을 보고 김해에서 갓 대학을 졸업한 26살의 여성분이 저에게 연락을 주었습니다. 서울에 7개월 동안 과정을 거쳐 음악 공부를 하려고 왔는데, 거주지가 가장 큰 문제였던 것입니다.

그녀와 함께 생활한 지 3개월이 지났을 때쯤 자신이 아는 목사님을 소개해 주겠다고 하였습니다. 소개시켜 줄 분은 자신이 중학교 시절에 교회 전도사였고, 10년 동안 연락해 온 사이라고 하였습니다. 저는 그 당시 제 입에 달고 살았던 말이 '저의 삶에는 부족함이 없습니다'였습니다. 그래서 그녀의 제안을 강하게 거절한 뒤로는 그녀도 포기하는 것 같았습니다.

문제는 시간이 지날수록 제 안에 불편함이 쓰나미처럼 밀려왔습니다. 기도를 해서 이 불편함을 없애야겠다고 마음을 먹고 직장이 끝나면 교회에 들러서 기도를 한 후에 집으로 왔습니다. 시간이 지날수록, 기도를 하면 할수록, '만나라, 결혼해라'라는 감동이 왔습니다. 저는 하나님께 '제가 왜 만나야 하고, 왜 결혼을 해야 합니까?' 하고 물었습니다. 그런데 참으로 갑작스럽고도 엉뚱하게 하나님의 응답을 듣게 되었습니다. 대학원에서 조직 신학 강의를 잘 듣고 있었는데, 교수님께서 "사람이 왜 결혼을 해야 하는지 압니까? 온전한 하나님의 형상을 이루어 가기 위해서는 결혼을 해야 합니다."라고 하셨습니다. 이번에는 하나님께서 저의 답을 기다리는 것 같아 '하나님이 원하신다면 만남도 가지고, 결혼도 해야죠.'라고 했습니다. 이 고백을 하기까지 4개월 동안 매일 주님과 씨름하였습니다.

배우자를 위한 기도 세 가지

지금까지 너희가 내 이름으로 아무것도 구하지 아니하였으나 구
하라 그리하면 받으리니 너희 기쁨이 충만하리라 (요한복음 16:24)

남편과의 첫 만남. 남편의 어머니는 초등학교 2학년 때
돌아가셨습니다. 어머니가 돌아가신 후 김해에 사시던 할
머니께서 어머니의 자리를 대신하셨습니다. 할머니는 남편
이 중학교 2학년 때 돌아가셨는데 독실한 불교 신자셨고,
아무 종교도 갖지 않으시던 아버님 그리고 그의 5형제 중
에서 유일하게 예수님을 믿는 사람은 자기 혼자뿐이라고
하였습니다.

저는 이러한 사정을 듣고 인간적인 마음으로 이분이 36
살이 되기까지 결혼하지 못한 이유에 대해 하나하나 정리를
해 보았습니다. 그런데 그 순간 놀라운 사실을 깨달았습니
다. 제 마음속에서 이런 소리가 들려오기 시작하였습니다.
"믿음의 집안에서 자란 아들은 아니지만, 내가 사랑하는 아

들이란다." 주님의 음성으로 알아차렸고 허리를 곧게 펴며 다시 남자분의 말에 집중했습니다. 엄마가 일찍 돌아가셔서 스스로 삶을 꾸렸던 이야기, 15년간 목회자로서 사역하였던 이야기, 자신이 바라는 아내의 이상형 등등. 저는 제가 묻지도 않았던 이야기들에서 하나님의 응답을 발견하게 되었습니다. 제가 중학교 시절부터 기도했던 이상형 20가지 중 세 가지로 간추려 놓은 내용과 맞아떨어졌기 때문입니다.

저의 세 가지 기도 제목은, 첫째는 부모님에게 의지하지 않는 사람입니다. 아버님은 배를 타는 직업을 가지셨고, 어머님이 일찍 돌아가시는 바람에 부모님의 도움을 크게 기대할 수 없는 상황에서 자랐습니다. 17살 때부터 사회에 나와서 낮에는 부산 국제시장에서 일을 하였고, 밤에는 공부를 하면서 검정고시로 고등학교를 졸업하였습니다. 다행히 옆집 누나의 인도로 교회에 다니게 되었고, 신앙 안에서 미래의 꿈을 키웠다고 하였습니다.

둘째는 자신이 하는 일과 삶에 열정이 있는 사람입니다. 저는 어린 시절부터 많은 사역자들을 만났습니다. 하지만 사역자로 부르심을 받았음에도 불구하고, 열정 없이 사역하는 모습들을 많이 보았습니다. 자신이 하고 있는 일에 대한 열정은 곧 삶에 대한 열정과도 연결이 된다고 생각했기에 하나님 앞에 이런 기도를 드렸던 것 같습니다. 남편은 저와 처음 만난 자리에서 자신이 그동안 교회에서 했던 일들을 추억 보따리처럼 풀어 놓았습니다. 그의 말에 그가 얼마나 열심히 살아왔는지 알 수 있었습니다. 저는 속으로 '이분은 어떤 일을 해도 즐겁고, 열심히 할 분이구나'라는 확신이 들었습니다.

셋째는 아내가 하는 일에 대해 존중해 주는 사람입니다. 남편은 목회를 하면서 우울한 사모를 본 경험이 여러 번 있었다고 하였습니다. 사모도 주님께 받은 달란트가 있는데, 손과 발을 목사 남편의 일에 묶어 놓으니 안타까웠다고 하였습니다. 그러면서 자신의 생각은, 아내가 받은 달란트로 아르바이트를 하든 어떤 직업을 가지든 행복했으면 좋겠다고 하였습니다. 저도 같은 경험이 있었는데, 목회자들 중 오로지 내조만을 강요하는 분들을 만났고, 이기적인 모습에 여러 번 충격을 받았기에 더 와닿았습니다. 남편의 도움을 바라는 것이 아니라 나의 삶을 존중받고 싶었습니다. 많은 얘기를 나눈 후, 자리에서 일어나면서 생각했습니다. "하나님, 하나님께서 계획한 분이 이분이군요." 배우자를 위한 기도가 없었다면 배우자가 앞에 있었어도 몰랐을 것입니다.

섬김 그리고 변화

내가 주와 또는 선생이 되어 너희 발을 씻었으니 너희도 서로 발

을 씻어 주는 것이 옳으니라(요한복음 13:14)

저는 결혼을 결정한 뒤에도 결혼을 해도 되는지 하나님
께 묻고 또 물었습니다. 제가 신이 아닌 이상, 70일 만에 사
람의 깊은 마음을 안다는 것은 불가능하기 때문입니다. 어
느 날, 남편과 만나기로 약속을 정한 후, 두통이 심해 다음
에 만나자고 했습니다. 그런데 30분 뒤에 연락이 오기를, 물
건만 주고 바로 갈 테니 잠깐만 집 앞으로 나오라고 하였습
니다. 저는 하나님께 기도했습니다. "하나님, 또 물어서 죄
송한데, 한 번만 더 응답을 구할게요. 주님께서 저의 배우자
로 계획하신 분이 이분이라면, 저의 두통을 없애 주십시오."
생뚱맞은 기도였지만, 이 기도에도 응답해 주셨습니다.

저는 여러 번의 응답을 받은 뒤에 하나님께서 짝지어 주
신 분이라는 확신을 가지고 결혼식을 했습니다. 참 감사한

것은, 남편이 저를 다양하게 섬겨 줄 것이라는 기대와 환상은 없었습니다. 그런데 퇴근 후에 귀가를 하면 따뜻한 식사가 준비되어 있고, 청소와 빨래를 저보다 더 깔끔하게 하였습니다. 남편은 어린 시절부터 자신이 해 온 일이라 본인의 일이라는 생각을 가지고 있었습니다. 제가 정리에 좀 서투른 면이 있는데 단 한 번도 실수를 지적하거나 나무라는 적이 없었습니다.

결혼 생활을 한 지 4~5년 정도 되었을 때쯤의 어느 날, 샤워를 하다가 소스라치게 놀랐습니다. 사실, 뒤통수를 세게 언어맞은 그런 충격에 가까웠다고 할까요? 지금껏 제가 제자리에 꽂혀 있는 샤워기를 빼서 사용한 후에 둘둘 말아 두었다는 사실을 알게 되었습니다. 그동안 샤워기 줄이 터져서 3번 정도는 갈았던 기억도 났습니다. 저는 남편에게 물었습니다. "저한테 샤워기 좀 제자리에 두라고 얘기를 하지 그랬어요?" 했더니, 제가 스트레스를 받고 신경을 쓸까봐 말을 하지 않았다고 하였습니다. 저는 미안함과 고마움을 크게 깨달은 뒤로 각별히 신경을 써서 제 스스로 변하기 시작했습니다. 남편의 손이 닿기 전에 먼저 정리하고, 청소하고, 사용한 물건은 본래 있던 제자리에 두었습니다. 사람을 변화시키는 강력한 무기는 바로 '섬김'이었던 것입니다.

도대체 어떤 능력을
주신다는 거죠?

내가 궁핍하므로 말하는 것이 아니라 어떠한 형편에든지 나는
자족하기를 배웠노니, 나는 비천에 처할 줄도 알고 풍부에 처할
줄도 알아 모든 일 곧 배부름과 배고픔과 풍부와 궁핍에도 처할
줄 아는 일체의 비결을 배웠노라(빌립보서 4:11~12)

　　결혼을 했던 그 달에 남편이 시무하던 교회를 사임하게
되었습니다. 이유는 기독교 대한성결교회 헌법 시행 세칙
제8조에 보면, 부목사는 담임 목사 사임 시 자동 사임을 해
야 한다고 명시되어 있기 때문입니다. 신혼 생활을 서울에
서 월세로 시작했고, 남편이 공부를 하며 진 빚도 꽤 많이
있었습니다. 저도 일을 하면서 신학대학원에 다녔기 때문
에 점점 숨이 막혀 왔습니다. 물질적 어려움은 지금껏 살아
오면서 처음 겪는 일이었습니다. 부모님이 성실했던 영향
도 있지만, 그동안은 제가 노력만 하면 돈을 벌 수 있었기
에 돈이 부족한 삶은 한 번도 경험해 보지 않았습니다.

어느 날, 수업을 마치고 집으로 오는 길에 버스에 앉아 하나님께 물었습니다. "하나님, 목회자 사모의 길을 선택하기 전에 말씀을 구했을 때, 능력을 주신다고 하셨잖아요? 도대체 어떤 능력을 주신다는 거죠? 저는 지금 돈이 없어서 힘들단 말이에요. 저에게 왜 이런 어려움을 주십니까? 목회자의 아내가 되라고 해서 되었잖아요…." 한 시간 가량 버스를 타고 오면서 하나님께 떼도 써 보고, 이성적으로 생각도 해 보았다가, 창밖의 풍경도 보았습니다. 그런데 문득 그날 수업 시간에 교수님께서 자신의 교회를 소개한 책자를 돌렸던 것이 생각났습니다. 책을 펼치자 하나님께서 주시고자 하는 능력이 구체적으로 적혀 있었습니다. 제가 응답으로 받았던 빌립보서 4장 13절 바로 앞의 말씀을 보게 하신 것입니다.

> 내가 궁핍하므로 말하는 것이 아니라 어떠한 형편에든지 나는 자족하기를 배웠노니, 나는 비천에 처할 줄도 알고 풍부에 처할 줄도 알아 모든 일 곧 배부름과 배고픔과 풍부와 궁핍에도 처할 줄 아는 일체의 비결을 배웠노라(11-12)

어떤 상황에 처하더라도 완전에 이르는 능력을 주시길 원한다는 것을 알게 되었습니다. 그 어떤 것도 주님과의 관계에 끼어들 수 없을 만큼 저를 단련시켜 주겠다는 말씀으로 다가왔습니다. 그리고 남편이 저에게 물질적인 고난을 주는 줄 알았는데, 주님께서 계획하신 일임을 깨달았습니다. 저는 버스에 앉아 저의 믿음 없음을 고백하며 눈물을 흘렸습니다. 그리고 다시는 물질 때문에 남편의 마음을 상하게 하지 않으리라고 다짐했습니다. 이 고백과 다짐 후에 다시금 주님의 평안이 제 안에서 느껴졌습니다. 그 후에도 부부 사이에 갈등이 생기면, 하나님께 물으며 씨름하는 시간을 가졌습니다. 하나님께서 결혼하라고 하셨기에 답을 주는 분도 주님이었습니다.

10만분의 1 확률 융모상피종양

여호와 하나님이 흙으로 사람을 지으시고 생기를 그 코에 불어
넣으시니 사람이 생령이 된지라(창세기 2:7)

몸은 죽여도 영혼은 능히 죽이지 못하는 자들을 두려워하지 말
고 오직 몸과 영혼을 능히 지옥에 멸하시는 자를 두려워하라(마
태복음 10:28)

저는 서른 살에 결혼하여 삼 년 만에 그토록 바라던 임신
이 되었습니다. 그런데 얼마 후, 의사는 저에게 의학 서적
을 보여 주며 10만분의 1 확률로 임신을 했다고 하였습니
다. 전국의 산모가 30만 명인데, 3명에게 일어나는 융모상
피종양이라고 진단했습니다. 당시 저를 포함해 S병원에 3
명이 입원해 있었는데, 다행히 암이 자라지 않아 출산을 앞
둔 산모도 있었습니다. 저의 자궁에는 한쪽에 아기가, 한쪽
에는 암이 자라고 있었고, 초음파를 볼 때마다 아기는 다섯

손가락을 쫙 펴고 있었습니다. 마치 저에게 손바닥을 마주치는 하이파이브를 하자고 하는 것 같았습니다. 이렇게 건강하게 자라는 아기를 위해서라도 긍정적으로 생각하고 싶었습니다.

그런데 임신 5개월이 다 되어 갈 때쯤, 임신중독증이 나타났습니다. 혈압이 170 이하로 떨어지지 않았고 단백뇨로 인해 온몸이 코끼리처럼 붓기 시작했습니다. 갑상선 수치가 끝까지 올라간 상태라 먹는 것마다 토하기 일쑤였습니다. 토요일의 어느 날, 태아가 20주가 되었을 때 심하게 하혈을 하였습니다. 구급차를 타고 병원으로 실려 갔는데, 토요일 저녁이라 의사가 없었습니다. 의사가 도착하기까지 7시간 동안 학생들의 처치를 받았습니다. 2리터 이상의 피를 쏟은 뒤에 담당 의사가 도착했고, 이렇게 진행된 암은 전국에 있는 의사들 중 한 명도 수술을 해 보지 않았다고 하였습니다.

남편에게는 마지막이 될 수 있으니 저에게 가서 인사를 하라고 하였습니다. 남편이 뚜벅뚜벅 걸어와 큰 목소리로 "여보, 있잖아. 이제 수술 들어간대. 잘될 거야."라고 하였습니다. 저는 눈을 떠서 남편을 보고 싶었습니다. 그런데 눈이 떠지지 않았습니다, 그 순간 저의 몸에서 무언가 스윽 빠져나가더니 남편과 제가 보였습니다. 남편은 제 귀에 입을 대고 조용히 얘기를 하고 있었습니다. 직관적으로 영혼이 빠져나갔다는 것을 알 수 있었습니다. 그리고 그때 출혈로 인해 배가 터질 것 같은 아픔이 있었는데, 전혀 느껴지지 않았습니다.

어느 목회자 아내의 이야기

죽음은 가장 큰 선물입니다

오라 우리가 여호와께로 돌아가자 여호와께서 우리를 찢으셨으
나 도로 낫게 하실 것이요 우리를 치셨으나 싸매어 주실 것임이
라(호세아 6:1)

　의사가 병원 복도에서 통화하는 소리와 가까이 다가오는
발자국이 귀를 때릴 정도로 크게 들렸습니다. 더 이상 지
체할 수 없으니 마취를 시키라는 의사의 지시가 내려온 후,
저는 누군가의 품에 안겼습니다. 얼굴은 볼 수 없었지만 저
를 참 따뜻하게 안아 주었습니다. 이 땅에서 경험해 보지
못한 깊은 평안함이 저를 감쌌습니다. 모든 사람이 이 땅에
태어나서 삶을 살다가 죽음을 맞이하는데, '죽음이 가장 큰
선물이구나'라는 생각을 했습니다. 천국에 다녀온 사람이
쓴 책에서 하나님의 다리를 붙들며 땅으로 내려가지 않겠
다고 떼를 썼던 이유도 알 수 있을 것 같았습니다.

의사는 남편에게 세 가지 방안을 제시했습니다. 첫 번째는 수많은 혈관과 연결된 암을 흡입기로 당기고 촉진제를 써서 아기를 꺼내는 것이었습니다. 문제는 끊어진 혈관에서 나오는 피를 제어할 기술이 없기에 기적이 일어나지 않으면 다출혈로 죽을 수도 있다고 하였습니다. 두 번째는 제왕 절개를 통해 아기와 암을 들어내는 수술을 해 보자는 것입니다. 세 번째는 처음부터 자궁을 들어내는 것이었습니다. 많은 피를 쏟았기에 더 이상 지체할 수 없다는 의사의 지시에 따라 27팩의 수혈을 받으며 수술에 들어갔습니다.

남편은 가끔 그때를 회상하며 얘기합니다. 저의 얼굴이 죽은 사람처럼 하얗게 되었고, 체온이 많이 떨어졌었다고요. 그래서 하나님께 기적을 바라며 살려 달라고 애원하였답니다. 자신이 태어나서 그렇게 간절히 기도한 시간은 처음이었다고 하네요. 한 시간이 지난 뒤 의사는 수술실의 문을 열고 나오며 기적이 일어났다고 하였습니다. 첫 번째 방법으로 수술을 하였고, 수많은 혈관이 끊어졌는데도 피가 멈추어서 자궁을 들어내지 않았다고 하였습니다.

어느 목회자 아내의 이야기

예수님의 타는 목마름

그 후에 예수께서 모든 일이 이미 이루어진 줄 아시고 성경을 응

하게 하려 하사 이르시되 내가 목마르다 하시니 (요한복음 19:28)

    수술이 끝난 뒤, 남편은 중환자실에 누워 있는 저를 두고 교회 새벽 기도에 나갔습니다. 일산에 있는 교회에 부목사로 부임이 예정된 첫날이기 때문입니다. 그날 교회에서는 꽃을 두 개 준비했지만 남편 혼자 받게 되었습니다. 만약 제가 사망했다면, 남편은 부임하지 못했을지도 모릅니다. 저는 하루 동안 중환자실에 누워 있었는데, 병실의 여기저기에서 사망 진단을 받고 떠나는 임종 환자들을 보게 되었습니다. 몸에 꽂힌 기계들 때문에 움직일 수 없었고 볼 수도 없었지만, 가족들의 울음소리가 너무나 슬프게 들렸습니다. 그런데 이 슬픔을 능가하는 고통이 있었는데, 그것은 바로 저의 목마름이었습니다. 부모님은 지방에 계셨고 남편은 부임하는 날이라 제 옆에는 아무도 없었습니다.

하루에 두 번 중환자실 면회가 허용되었지만, 기대조차 할 수 없는 형편이었습니다. 저를 돌보아 주던 간호사가 물었습니다. "왜 가족들이 안 들어오죠?" 저는 얘기할 힘도 없었지만, 남편의 직업까지는 얘기하고 싶지 않아 "교회에 갔어요."라고 대답했습니다. 간호사가 어이가 없다는 표정으로 사람보다 교회가 더 중요하냐고 화가 섞인 말로 되물었습니다. 그 시간 친정 가족들은 착잡한 심정으로 지방에서 기차를 타고 오고 있었고, 남편은 정신 줄을 붙잡고 교회에 있었건만, 졸지에 나쁜 사람들이 되어 버렸습니다.

토요일 저녁 7시부터 다음 날 저녁 7시까지 24시간 동안 물 한 모금 마시지 못해 입과 목이 타들어 갔습니다. 병원에서는 가족이 있어야 일반 병실로 갈 수 있고, 일반 병실로 옮긴 뒤에 물을 마시라고 하였습니다. 꼼짝없이 누워 남편과 친정 가족들이 오기만을 애타게 기다렸습니다. 목이 타들어 가는 고통을 참아 보려고 무지 애를 썼지만, 도저히 참을 수가 없었습니다. 급기야 저는 간호사에게 죽겠다는 시늉을 했습니다. 더 이상은 거절할 수 없었는지 거즈에 물을 묻혀 바짝 마른 혀 위에 올려 주었습니다. 고통을 조금이라도 덜 느끼고 싶은 마음에 예수님의 고통을 떠올리며 기도를 드렸습니다. "저는 7시간 동안 2리터의 피를 쏟았지만, 예수님은 십자가에 양손과 양발에 못이 박혀 매달리시고 옆구리에 창으로 찔려 물과 피를 쏟으셨잖아요.

그 아픔과 고통의 긴 시간을 건디시면서 타는 목마름은 저보다 더하셨겠군요. 도대체 어떻게 참으셨어요? 주님, 사랑해요. 주님, 감사해요."

남편을 잘 부탁합니다

너희에게는 심지어 머리털까지도 다 세신 바 되었나니 두려워하

지 말라 너희는 많은 참새보다 더 귀하니라(누가복음 12:7)

수술 후 한 달 뒤, 의사로부터 자궁 혈관에 붙어 있던 암 세포들이 자라기 시작했다는 말을 듣게 되었습니다. 혈액을 통해 전이되는 암이기에 항암 주사로 치료를 하자고 했습니다. 또 약을 복합적으로 쓰면 몸이 감당하기 힘드니 8일간 주사를 맞고, 8일은 휴식을 하기로 했습니다. 자고 일어나면 원숭이가 털갈이를 하듯이 머리카락이 축구공만큼 빠져 있었습니다.

'하나님은 이렇게 많은 머리카락의 수를 세고 있다고?' 라는 생각이 들 정도로 엄청나게 빠졌습니다. 그 당시 먹고 싶은 것도 없었지만, 살아야 한다는 의지로 억지로 음식을 먹어도 속에서는 거부를 하므로 그대로 토해 내기를 반

복할 뿐이었습니다. 오랫동안 병상에 누워 있으려니 엉덩이 주변의 살도 빠지면서 꼬리뼈가 주먹만큼 튀어나온 것처럼 느껴졌고, 돌출된 뼈 부위에 딱지가 앉아 제대로 잠을 잘 수도 없었습니다. 이러한 고통을 통해서 비로소 그동안 잘 자고, 잘 먹을 수 있었던 것이 얼마나 큰 은혜였는지 돌아보게 되었습니다.

언제 끝이 날지 모르는 항암 주사를 맞으며 점점 본래의 모습을 잃어 가고 있었습니다. 170cm의 키에 체중이 40kg 이하로 빠졌습니다. 그러던 중 자궁에서 시작된 암이 폐와 가슴으로 전이되었다는 것입니다. 그러면서 의사는 쓸 수 있는 약은 다 써 보았고, 뇌로 가면 더 이상 방법이 없으니 주변을 정리하라는 사형 언도를 내렸습니다.

이 말을 듣고 가장 먼저 홀로 남겨질 남편이 생각났습니다. 엄마가 일찍 돌아가셔서 사랑도 많이 못 받았던 사람이고, 내가 특별히 잘해 주지 못했어도 집에 누가 있다는 것 자체가 좋다고 했었는데 혼자가 되면 어떻게 하나…. '주님, 제 남편 좀 잘 부탁해요.' 갑자기 목이 메었고, 가슴이 저렸습니다. 저의 울음이 새어 나가 같은 병실의 환자들이 들을까 봐 복도로 나왔습니다.

병원 유리문 앞에 섰는데, 유리에 비친 뼈만 남은 저의 모습이 눈에 보였습니다. 시커멓고, 구부정한 나무 막대를 보는 것 같았습니다. 또 파리채로 한 대 때리면 소리 없이 죽는 파리를 보는 듯도 했습니다. "주님, 제가 할 수 있는 것은 아무것도 없습니다. 이 작고 초라한 내 안에 주님이 계심이 신기할 뿐입니다."라는 고백이 입술에서 흘러나왔습니다.

나는 너보다 더 아프단다

형제들아 내가 그리스도 예수 우리 주 안에서 가진 바 너희에 대한 나의 자랑을 두고 단언하노니 나는 날마다 죽노라(고린도전서 15:31)

뼈에 주사를 맞는 것 같은 지독한 고통을 마주하며 "하나님, 도대체 항암 치료는 언제 끝날까요?" 아무리 긍정적으로 생각하고, 희망적인 미래를 그려 보려고 해도 끝이 보이지 않았습니다. 그러던 어느 날 의사가 의아해하며 그래프를 보여 주었습니다. 일반적으로 건강한 사람은 수치가 3 정도인데, 저의 수치가 13,000까지 올라갔다가 현재 떨어지고 있다는 것입니다. 저도 저이지만, 의사는 알 수 없다는 표정을 지었습니다. 불과 일주일 전까지만 해도 절망적이고 침울했는데, 이것은 뭘까?

이 설명을 듣고 집으로 돌아와 혼자 방에 있는데 마음이 이상했습니다. 주변과 저의 마음을 정리하고 있었건만, 살수도 있다고? 그렇다면, 이제 살게 되었으니 기뻐해야 함이 정상인데 전혀 기쁘지가 않았습니다. 어떻게 살아야 할지 고민이 되면서 인생 처음으로 삶에 대한 두려움을 느꼈습니다. 분명히 하나님께서는 그전과 같은 삶을 살기를 원하지는 않을 것 같았기 때문입니다.

저는 감당할 수 없는 두려움에 휩싸였고, 어린아이가 바닥에 주저앉아 다리를 구르며 큰소리로 울듯이 통곡을 하였습니다. "하나님, 그동안 생명이 붙어 있었으니 살았습니다. 그런데 앞으로는 어떻게 살라는 거죠? 제가 무엇을 어떻게 해야 당신이 기뻐하겠습니까?"

그런데 그 방에는 나와 같이 울고 있는 누군가가 함께 있는 것을 감지하였습니다. 그리고 그분은 "네가 슬퍼하면 나는 너보다 더 슬프고, 네가 아프면 나는 너보다 더 아프단다." 하며 저보다 더 큰소리로 울고 있는 듯했습니다. 당황스러워서 울음을 멈칫하고 있는데, "네가 지금과 다른 삶을 살려고 하지 않아도 된단다. 나를 위해 무엇을 하려고 하지 않아도 돼. 난 너의 존재만으로도 기쁘단다." 이 울림은 깊은 위로와 평안을 주었습니다.

제 안에는 주님께 전부를 드리고 싶은 마음으로 가득 찼습니다. "주님, 저는 이 시간 죽었습니다. 이후로도 죽겠습니다. 나를 통해 주님만 드러나는 삶을 살기를 원합니다."라고 고백하였습니다. 5개월간 72회의 항암 주사를 맞으며, 암세포와 함께 자만은 죽었습니다.

다시 만나기 위한 약속 "안녕"

내가 들으니 보좌에서 큰 음성이 나서 이르되 보라 하나님의 장막
이 사람들과 함께 있으매 하나님이 그들과 함께 계시리니 그들은
하나님의 백성이 되고 하나님은 친히 그들과 함께 계셔서 모든 눈
물을 그 눈에서 닦아 주시니 다시는 사망이 없고 애통하는 것이나
곡하는 것이나 아픈 것이 다시 있지 아니하리니 처음 것들이 다
지나갔음이러라(요한계시록 21:3~4)

임신 20주가 되었을 때, 태아와 암이 함께 자라고 있는
상태였기에 S대병원에 입원해 있었습니다. 의사의 말에 의
하면 암이 급속도로 자라고 있어서 아기가 지낼 공간이 좁
아지고 있다고 하였습니다. 실제 초음파상에서도 아기가
한쪽으로 치우쳐 있었습니다. S대병원에서 마지막으로 밤
을 보내던 날, 꿈을 꾸었습니다. 한 아기가 큰 금 그릇에 앉
아 양손으로 그릇을 잡고 웃으면서 방방 뛰고 있었습니다.
그런데 어른이 그릇째로 아기를 안고 멀리 가는 것입니다.
저는 꿈속인데도 아기를 안은 모습이 인상적이라는 생각을

했습니다. 그 어른은 너무나 사랑스러운 눈빛으로 아기를 바라보았고 아기가 불편하지 않도록 조심스럽게 안고 있었습니다. 아기는 그 품에서도 행복한 표정이었습니다.

저는 지난밤 기이했던 꿈 이야기를 남편에게 들려주자 남편은 하나님께서 아기를 데려가시니 마음의 준비를 하자고 했습니다. 그리고 그날, 수술을 하면서 태중의 아기는 주님의 품에 안겼습니다. 저는 그 태아의 성별도 생김새도 모르지만, 하나님께서 먼저 꿈으로 보여 주셨기에 위안이 되었습니다. 그러면서 하나님은 참 인격적인 분이라는 생각도 했습니다. 주변에서는 태아를 잃은 슬픔으로 힘들 수 있으니 상담을 받으라고 조언했습니다. 하지만 5개월간 임신을 경험했고 태아로 인해 행복을 느낄 수 있었음에 감사했습니다. 하나님께로부터 왔으니 하나님께로 가는 것도 당연한 것이었습니다. 가끔 태아가 생각날 때도 있지만 천국에서 만날 수 있다는 기대감이 더 크기에 슬프지 않습니다. 그리고 태아로 인해 천국을 더 가깝게 느끼게 되었습니다. 이후에 아기를 가지기 힘들다는 의사의 진단이 있었지만, 현재 두 아이(9살 아들, 8살 딸)의 엄마로 살고 있습니다.

기적!

남편의 이름을 지어 주다

이 백성은 내가 나를 위하여 지었나니 나의 찬송을 부르게 하려
함이니라(이사야 43:21)

남편은 2006년 KBS 아침 뉴스에 출연했던 적이 있었습니다. 중국 인터넷 사이트에 개인 정보가 유출되어 마구잡이로 도용되고 있다는 보도였습니다. 지금도 인터넷 검색을 하면 기자가 남편이 시무하던 교회로 찾아와서 인터뷰하는 장면이 나옵니다. 그때 당시 교회 성도 20명의 개인 정보가 중국 인터넷 사이트에 이용되었고, 남편의 개인 정보 역시 자신도 모르는 사이에 인터넷 게임과 성인 사이트 220여 곳에 회원 가입이 되어 있었습니다. 불안했지만 큰 문제 없이 지내고 있었는데, 2013년도에 경찰서로부터 출석 통지서를 받았습니다. 남편이 여러 대의 휴대폰을 개통한 뒤 사용료를 내지 않고 있다고 하였습니다. 게다가 사기, 성추행 등 상상할 수 없는 가해자가 되어 있었습니다.

경찰관이 정한 시간에 조사를 받으러 오라 하니 시간을 쪼 개서라도 다녀와야 했습니다. 그런데 사건마다 찾아다니며 조사를 받게 되니 일상생활도 안 되고, 심리적으로 불편한 남편을 보기가 안타까웠습니다. 남편은 특단의 조치가 필 요했는지 경찰관에게 물었습니다. "앞으로 이런 문제에 연 루되지 않으려면 어떻게 해야 합니까?" 경찰은 이름을 바꾸 면 괜찮을 거라고 알려 주었다고 합니다.

저와 남편은 상상해 보지 않은 난감한 문제를 두고 진지 하게 고민하게 되었습니다. 성경에 보면 야곱을 이스라엘 로, 아브람을 아브라함으로, 그의 아내 사래를 사라로, 사 울을 바울로 등 하나님께서 이름을 바꿔 주신 인물들이 나 옵니다. 그런데 하나님께서 바꿔 주신 것과 사람이 이름을 짓는 것은 너무나 다르다고 생각했습니다. 그래서 좋은 이 름을 짓기 위해 하나님께 지혜를 구했습니다. 그리고 남편 의 모습과 어울릴 만한 이름을 떠올려 보았습니다. 남편은 기타를 치며 찬양을 할 때 그렇게 행복해 보일 수가 없습니 다. 그리고 말씀을 전하거나 기도회를 인도할 때에도 진심 을 넘어 감동을 느끼게 합니다. 그래서 저는 남편이 하나 님 앞에 가는 날까지 주님의 구원하심을 찬양했으면 좋겠 다는 결론에 이르렀습니다. 그래서 남편의 성에 '송(song,

松)'을 제안했고, 이것을 수락한 남편의 이름은 '최송'이 되었습니다.

내가 노래로 하나님의 이름을 찬송하며 감사함으로 하나님을 위대하시다 하리니 이것이 소 곧 뿔과 굽이 있는 황소를 드림보다 여호와를 더욱 기쁘시게 함이 될 것이라(시편 69:30-31). 주의 이름을 높이 찬양하고 찬양으로 영광 받으시기를 원하시는 하나님께 찬양으로 영광 돌려지기를 바라는 마음입니다.

신디사이저가 있으면
얼마나 좋을까?

보라 내가 속히 오리니 내가 줄 상이 내게 있어 각 사람에게 그의

일한 대로 갚아 주리라(요한계시록 22:12)

시골 교회 청년대학부에 있을 때의 이야기입니다. 청년들이 예배드리는 장소에 신디사이저가 없었습니다. 그래서 매주 대예배실에 있는 악기를 들고 와서 예배를 드린 후, 제자리에 가져다 놓는 일을 반복했습니다. 저는 직장 생활을 하고 있었고, 물질적인 여유도 있어서 악기를 헌납하고 싶은 마음이 들었습니다. 대략적인 가격을 알아본 뒤에 청년부실 신디사이저 구입 비용을 헌금했습니다. 그 후, 13년 정도 지났을 때 신디사이저를 돌려받은 일을 경험하였습니다.

어느 날, 아이들을 어린이집에 보낸 뒤에 청소기로 방의 모퉁이를 청소하고 있었습니다. 불현듯 '이 자리에 신디사

이저가 있으면 얼마나 좋을까? 아이들과 찬양도 할 수 있을 텐데….'라는 생각이 들었습니다. 며칠 후, 언니로부터 전화를 받게 되었는데, 집에 피아노가 있냐고 물었습니다. 아이들이 어려서 악기를 연주할 시간이 없다고 둘러댔습니다. 그런데 음악을 전공한 언니가 생각했을 때에는 아이들에게도 악기는 필요하다고 생각했던 것 같습니다. 70만 원 선에서 신디사이저를 사 줄 테니 알아보라고 하였습니다. 저는 열심히 인터넷 검색을 해 보았는데 유감스럽게도 마음에 드는 악기는 100만 원이었습니다. 이것에 대해서 남편과 상의를 했고 30만 원을 우리가 보태서 원하는 악기를 구입하기로 결론을 내렸습니다.

이틀 뒤, 토요일 오전에 언니로부터 전화가 왔습니다. 계획에 없던 일이 생겨서 돈을 주지 못할 것 같다고 하였습니다. 저의 계획에도 없던 일이었으니 괜찮다고 하며 전화를 끊었습니다. 저는 그날 오후에 전도를 하기로 되어있어서 경기도에 있는 화전역 앞으로 나갔습니다. 거기에서 교회 집사님을 만나 항공대학교 근처로 전도 용품을 들고 걸어갔습니다. 그런데 앞에 펼쳐진 일 때문에 걸음을 멈추게 되었습니다. 제가 구입하고 싶어 했던 그 신디사이저가 전봇대 옆에 세워져 있었던 것입니다. 눈을 의심하며 가까이 가서 보았습니다. 재활용 쓰레기가 버려져 있는 장소에 새 것에 가까운 악기가 있었던 것입니다. '그렇게 많은 신디사이저의 기종 중에 어떻게 내가 원했던 악기가 버려져 있단 말인가?' 제가 너무 놀라 어쩔 줄 몰라 하며 서 있는데, 함께 있던 집사님이 "사모님, 같이 듭시다." 하면서 먼저 한쪽을 잡았습니다. 집사님은 허리 디스크가 심했는데 저보다 더 힘을 쓰면서 "이게 소리가 나야 할 텐데…."를 여러 번 말씀하셨습니다.

집으로 들고 와서 두근거리는 마음을 누르며 조심스럽게 전기 코드를 꽂았습니다. 모든 건반에서 소리가 났습니다. 흠집 하나 보이지 않을 정도로 깨끗했습니다. 남편도 제가 원했던 악기였기에 놀라움을 감추지 못했습니다. 저는 청소하다가 울림이 있었던 그 모퉁이에 악기를 두고 매일 아이들과 신나게 찬양을 했습니다. 이 악기는 저희가 잠시 외국으로 나가게 되어서 동생이 다니는 시골 교회 본당에 기증을 하였습니다. 지금도 그 신디사이저에서는 찬양의 소리가 울려 퍼지겠죠?

내가 사랑하는 성경책

두려워 말라 내가 너와 함께함이니라 놀라지 말라 나는 네 하나
님이 됨이니라 내가 너를 굳세게 하리라 참으로 너를 도와주리
라 나의 의로운 오른손으로 너를 붙들리라 (이사야 41:10)

사람들은 공포, 협박, 아직 일어나지도 않은 일, 갑작스
러운 일 등으로 인해 두려움을 느낍니다. 상담을 하다 보
면 무슨 일이 일어날 것만 같아서 두려움을 느낀다는 사람
들이 의외로 많습니다. 성경에 두려워하지 말라는 말씀이
365번이나 있는 것을 보면 하나님은 인간의 두려움에 대해
서 너무나 잘 알고 계셨던 것 같습니다. 저의 인생에서도
두려웠던 적이 많았습니다.

그중 한 가지는 남편이 뉴질랜드에 있는 한인 교회 담임
목회자로 청빙을 받았습니다. 당시 저는 마사지하는 법을
배워서 일해 보면 어떻겠느냐는 제안을 받았고, 교회 대표

가 경영하는 마사지 숍에서 잠시 동안 마사지 일을 했습니다. 보통 얼굴만 하기도 하는데 저는 전신 마사지를 했습니다. 그런데 외국인 여자 손님들의 체격은 동양인들과는 달랐습니다. 키가 2M에 가까운 분들도 다수가 있었습니다. 근육이 얼마나 단단한지 체중을 실어서 눌러도 제가 팅겨 나올 정도였습니다. 그래도 시작한 일이니 힘이 들어도 정말 열심히 일했습니다. 그런데 사장님은 약속한 급여를 주지 않았습니다. 일주일이 지나면 다음 주에 주겠다고 하고, 또 그다음 주로 계속 미루었습니다. 저는 더 이상 참을 수가 없어서 5주가 지난 후에 일을 하지 않겠다고 하였습니다. 그런데 적반하장으로 사장님은 자신의 뜻에 순순히 따르지 않은 것에 화를 냈고 협박을 하기 시작했습니다. 그러면서 "비자를 쥐고 있는 내가 갑이고 너는 을인 것을 모르냐? 이렇게 말을 듣지 않고 여기에서 살 수 있을 것 같니?"라고 하였습니다.

저에게 비자를 준 사장님이기 때문에 비자에 문제가 생길까 봐 두려웠습니다. 그리고 낯선 땅에 아는 사람이라고는 한 사람도 없으니 막막했습니다. 하지만, 죽으나 사나 저에게 가장 큰 총검은 '성경책'이었습니다. 저는 하나님께 기도하며 성경을 펼쳤습니다. 강하게 위로를 느꼈던 말씀이 'don't be afraid(두려워하지 말라)'였습니다. 이 말씀을 여러 번 보면서 하나님이 나와 함께하시고, 도와주고 계시니 더 이상 두렵지 않다는 고백이 나왔습니다. 이 말씀을 남편과 나누면서 용기를 내자고 하였습니다. 그리고 함께 고용노동부와 이민성에 신고를 하였습니다.

그 후, 이민성에서 메일이 왔습니다. 저희가 그 고용주 밑에서 일하지 않아도 되고, 한국으로 가지 않아도 된다고 하였습니다. 저는 진행되는 일들을 보면서 '하나님께서 두려워 말라고 하실 때는 모든 계획을 가지고 계셨고, 세상에는 주님보다 더 큰 두려움은 없구나'라는 생각을 하였습니다. 항상 제 안에 평안만 가득하고, 항상 잘되었다면 하나님이 베푼 기적과 은혜는 체험하지 못했을 것입니다.

어느 목회자 아내의 이야기

언제나 열려 있는 하늘

내가 산을 향하여 눈을 들리라 나의 도움이 어디서 올까 나의 도움은 천지를 지으신 여호와에게서로다 여호와께서 너를 실족하지 아니하게 하시며 너를 지키시는 이가 졸지 아니하시리로다(시편 121:1~3)

　뉴질랜드에서 남편은 주일에는 설교를 하고, 주중에는 만 4살, 2살의 아이들을 유치원에 맡긴 뒤 한국인이 운영하는 모텔에서 청소를 하였습니다. 저는 남편과 달리 모든 일을 할 수 있는 비자를 받았기에 한국 레스토랑과 2달러 숍에서 한 주에 50시간 이상 육체 노동을 하였습니다. 비자를 받기 전까지 정착 비용이 들었고, 직장을 구하는 과정에서도 소비만 하다 보니, 가지고 간 돈을 다 쓰게 되었습니다. 그래서 한 푼이라도 더 벌어야겠다는 생각에 물불을 가리지 않고 일을 하였습니다. 건물 안에서 오랜 시간을 일하다 보니 햇빛을 보지 못해 온몸에 피부병이 생겼고, 팔의 인대가 늘어나 통증이 느껴졌지만 병원에 가지 못했습니다. 그것은 일을 시작한 뒤 얼마 동안은 주인에게 사정을 말씀드려 가불해서 생활을 했기 때문입니다. 남편은 매일같이 파김치가 되어 돌아오는 저에게 해 줄 수 있는 것이 없어서 미안하다는 말만 하였습니다. 저라도 힘들어하는 남편을 보면, 같은 마음이 들었을 것 같습니다.

한국에서는 목사의 사모님으로 대접만 받다가 여기서는 손님들이 남긴 음식을 치웠습니다. 또 늦은 시간까지 설거지를 하고, 쓰레기를 가득 실은 수레를 쓰레기장으로 끌고 가서 버렸습니다. 하나님께서 "너도 이제는 남을 섬기면서 살아라." 하고 가르쳐 주는 것 같았습니다. 그러면서 그동안 섬겨 주셨던 교인들의 모습이 떠올랐습니다. 그중에는 육체 노동을 하셨던 분들도 많았는데, 그들의 섬김이 특별하고 귀하게 느껴졌습니다. 그리고 자신보다 나은 것이 없는 저를 사모라는 직함 때문에 낫게 여겨 주셨던 것이 참으로 감사했습니다.

그때의 저는 가족의 생계를 위해 앞만 보고 가는 상황이었습니다. 나를 위해 눈물 한 방울 흘릴 겨를이 없었습니다. 그러던 어느 날 일을 마치고 집으로 오는 버스에 앉

어느 목회자 아내의 이야기

아 있는데, 하염없이 눈물이 흘렀습니다. 마음속에서 '나의 도움이 어디서 오는가, 오직 천지를 지으신 여호와에게서로다 오직 하나님만 바라라'라는 울림이 있었습니다. 아무리 생각해 봐도 현실은 사방이 막혀 있고, 오직 하늘만 열려 있는 것 같았습니다. '그래, 지금의 상황에서 나를 도울 수 있는 분은 하나님밖에 없지.' 나의 모든 것을 알고 계시는 주님을 생각하니 말할 수 없는 평안과 위로가 몰려왔습니다.

여호와 이레의 하나님

네 손이 베풀 힘이 있거든 마땅히 받을 자에게 베풀기를 아끼지
말며 네게 있거든 이웃에게 이르기를 갔다가 다시 오라 내일 주
겠노라 하지 말며(잠언 3:27~28)

타국 생활은 한국에서의 삶과는 비교할 수 없을 정도로
가난했습니다. 아이들에게 간식 하나 더 사 주려고 쓰레기
봉투도 아꼈습니다. 부끄럽지만 회사 앞에 버려진 쓰레기
봉투의 내용물을 다른 봉투에 비우고, 집으로 들고 올 정도
였습니다. 그리고 여기에서는 너무도 흔한 일회용 투명 비
닐봉지도 얼마나 아껴 썼는지 모릅니다.

2020년 4월쯤, 코로나로 인해 록다운(lockdown, 움직임·
행동에 대한 제재)이 되었습니다. 모든 상점이 문을 닫게 된
다는 얘기가 돌면서 마트가 텅텅 비었습니다. 주위 분들도
몇 개월은 버텨야 한다며 쌀과 밀가루, 냉동식품을 사재

기하였습니다. 저는 이제 일도 할 수 없고, 돈이 없어 먹을 것도 살 수 없으니 '이 나라에서 죽을 수도 있겠구나'라고 생각했습니다.

그런데 록다운(lockdown)이 시작된 날부터 2달러 숍(생활용품 판매점) 가게 사장님과 직원들이 쌀, 김치, 고기, 야채 등의 식료품, 생필품, 아이들 학용품을 가져다주기 시작했습니다. 심지어 렌트비를 아끼라며 우리 가족 모두 자신의 집으로 들어와 살라고 하였습니다. 이런 감당이 되지 않는 섬김에 어찌할 바를 몰랐습니다. 저는 이들에게 왜 이렇게 많은 도움을 주는지 물어봤습니다. 그들은 단지 자신들이 하나님께 받은 사랑을 나누고 싶다는 말만 했습니다. 그리고 고마운 마음이 있다면 다른 사람에게 갚으며 살라고 했습니다. 한국으로 돌아오기까지 이분들에게 정말 많은 도움을 받았습니다. 사실, 자신들도 운영하는 가게의 세를 수입이 없이 지불해야 하는 상황이었습니다. 타인의 도움을 받아도 부족했을 것입니다. 그 당시 들었던 생각은 하나님께서 자신의 손으로 도울 수 없으니 사람의 손을 빌려서 저희 가족을 살게 하는 것 같았습니다. 나중에 이들로 하여금 듣게 된 간증은, 건물 주인이 록다운(lockdown) 기간에는 세를 받지 않겠다고 하였답니다. "할렐루야!" 하나님께서는 저희 가정을 낯선 땅에서조차 일거수일투족 세밀하게 간섭하셨고, 준비하심에 놀랐던 시간이었음을 고백합니다.

그리고 제 마음속에 잊지 않고 늘 기억하고 있는 감사한 교회가 있습니다. 과거에 암 치료를 받았을 때 치료비와 생활비에 대한 부담이 컸는데, 포이에마예수교회 목사님과 성도님들이 십시일반 정성을 모아 도와주셨습니다. 이 교회는 남편이 시무하던 교회였는데, 사임한 지 3년 정도 지났음에도 불구하고 기도와 물질적인 도움을 주셨던 것입니다. 시간이 많이 흘렀지만, 한 분 한 분의 손을 잡고 말씀드리고 싶습니다. "진심으로 감사했었고, 저도 당신들께 받은 사랑을 나누면서 살겠습니다."라고.

놀라운 하나님의 섭리

그에게 이르기를 히브리 사람의 하나님 여호와께서 나를 왕에게
보내어 이르시되 내 백성을 보내라 그러면 그들이 광야에서 나
를 섬길 것이니라 하였으나 이제까지 네가 듣지 아니하도다(출애
굽기 7:16)

이 말씀을 통해서 하나님께서는 우리와 예배를 통해 깊
이 만나기를 원한다는 것을 느꼈습니다. 부모는 자식이
무슨 고민이 있는지, 오늘은 어떤 일이 있었는지, 자식과
매일매일 한없이 친밀해지기를 원하시죠. 마찬가지로 하
나님 아버지도 저와 아주 친해지기를 원하셨던 것 같습니
다. 무엇을 통해서? 바로 예배를 통해서입니다.

뉴질랜드에 있을 때 일했던 레스토랑은 요일마다 업무
가 달랐습니다. 저녁 예배가 있던 금요일에는 하루 종일 튀
김 담당이었습니다. 오전 9시 전부터 재료를 준비하여 밤 9

시까지 일을 하였는데, 중간에 식사 시간이 30분씩 허용되었습니다. 그 외 시간에는 오직 맡은 일에만 충실해야 했습니다. 인건비가 비싸다 보니 요리실 내부 곳곳에 CCTV가 설치되어 있고, 그것을 통해 사장님의 감시를 받아야 했습니다. 이날은 11시간 이상을 서서 일을 했기에 일이 끝나면 다른 날보다 더 많이 지쳤습니다. 집으로 가서 쉬어도 부족한데, 온몸으로 기름 냄새를 풍기며 근처 교회로 뛰어갔습니다. 이미 많은 분들이 두 손을 들고 찬양을 하고 있었습니다. 그들 사이에 앉는 순간부터 찬양을 부를 수 없을 만큼 눈물이 나왔습니다. 가슴에 손을 얹고 거의 두 시간을 울어도 눈물이 멈추지 않았습니다. 그렇게 매주 금요일마다 성령의 임재를 온몸으로 경험하였습니다. 머리끝부터 발끝까지 곳곳마다 하나님의 손길이 느껴졌습니다. 저는 하나님을 가깝게 느낄 수 있는 그 시간이 좋아서 매주 예배에 나갔습니다. 지금도 그 예배의 감격을 기대하며 예배에 임하고 있습니다.

뉴질랜드에서 마지막으로 드린 금요 철야 예배 시간에 교인들이 저희 가족을 위해 손을 잡고 기도해 주었습니다. 그 시간, 여기까지 인도하신 주님께 감사했고, 교인들의 축복 기도에 감격했습니다. 그런데 한 여자 권사님이 남편과 저에게 다가오더니 한국에 나가면 교회가 준비되어 있다고 하셨습니다. 저희가 알기로는 한국 대부분의 교회가 코로나로 인해 영상 예배를 드리고 있고 교회가 없어지고 있었습니다. 그런 상황에서 남편이 목회를 할 수 있을 거라는 생각은 하지 못했습니다. 너무나 확신을 가지고 말씀하셔서 저희 부부가 당황해했습니다. 그렇게만 된다면 더할 나위 없이 좋겠지만 희박해 보여서 살짝 웃음도 났습니다. 그런데 한국으로 돌아와 2주의 격리를 마친 후, 그분의 말씀대로 공주에 있는 교회에 부목사로 부임하게 되었습니다. 놀라우신 하나님.

공의로우신 하나님

여호와 앞에 잠잠하고 참고 기다리라 자기 길이 형통하며 악한
꾀를 이루는 자 때문에 불평하지 말지어다(시편 37:7)

남편은 2019년도에 뉴질랜드에 가게 되었는데, 교회 대
표는 한인 20여 명의 성도들이 목사가 없어서 예배드리는
데 어려움이 있다고 하였습니다. 그러면서 태권도 선교도
할 수 있는 조건이 구비되어 있다고도 하였습니다. 남편은
태권도 4단증을 가지고 있었고, 과거에 필리핀에서 태권도
선교를 경험했던 적도 있었습니다. 그래서 1년이 넘는 시
간 동안 가야 할지 포기해야 할지를 놓고 기도하며 고민을
하다가 목사가 없어서 예배를 드리지 못한다는 교인들에게
가기로 하고 한국 생활을 정리하였습니다. 비자를 준비하
는 과정에서 이민 변호사에게 비용도 지불했고, 요청하는
서류들을 보냈습니다. 별문제 없이 그 나라에 2년간 머무
를 수 있는 비자도 받았습니다.

어느 목회자 아내의 이야기

이국땅 새로운 사역지에서 성도들과 마음껏 예배하리라는 기대를 품고 갔는데, 받아들일 수 없는 현실이 눈앞에 펼쳐졌습니다. 교회 대표가 자신이 운영하는 태권도 학원에서만 일을 하게 한 것입니다. 종교 비자를 받기 위해 이민성에 제출한 계약서에 반하는 것들을 요구하며, 턱없이 낮은 급여를 주었습니다. 협의와 조율을 시도해 보았지만, 막무가내였습니다. 이 문제를 가지고 한인 교회 목사에게 도움을 구하러 찾아갔습니다. 거기서 알게 된 사실은, 목사를 비롯하여 한의사, 마사지사, 태권도 사범 등 저희와 비슷한 피해자들이 많이 있다고 하였습니다. 가장 마음이 아팠던 것은 혹여나 영주권을 받지 못할까 봐 그가 상습적인 방법으로 많은 사람들을 억울하게 울렸지만 아무도 신고를 하지 않았다는 것입니다. 충격적인 사건도 있었는데, 함께 예배를 드리던 가정이 교회 대표에게 돈을 받으러 갔다가 손에 깁스를 하고 돌아왔습니다. 그 후에는 교회 대표가 이 가정을 이민성에 신고하면서 추방 명령을 받게 되었고, 결국 한국으로 돌아갔습니다.

남편은 하나님께서 우리 가정을 이곳에 부른 이유는 이 일 때문인 것 같다고 하였습니다. 우리가 추방을 당하더라도 이런 악행을 저지르는 사람, 양의 옷을 입은 이리 같은 악덕 업자를 신고해서 더 이상의 피해자가 나오지 않게 해야겠다고 마음을 먹었습니다. 그로부터 끝을 알 수 없는 싸움이 시작되었습니다.

남편과 저는 한국으로 돌아와 각각 줌(zoom)으로 재판을 받게 되었습니다. 저희 부부는 뉴질랜드의 국선 변호사와 고용노동부 직원이 보낸 재판 서류를 보면서 놀라움을 금치 못했습니다. 피해 사실에 대해 아주 상세하게 정리해 놓았던 것입니다. '자국민도 아니고 이미 한국으로 돌아갔는데, 어떻게 이렇게까지 준비했을까?' 정확하고 성실하게 재판 준비 서류를 작성한 것을 보며 과연 나도 한 사람을 위해 이런 수고를 할 수 있을까? 그 서류를 보고 있는데, 저의 마음에서 이런 소리가 들렸습니다. '세상에는 너를 도울 수 있는 사람도 있고, 정보도 있어. 너는 결코 혼자가 아니야. 너는 정말 소중하단다. 이것을 통해 네가 살 만한 세상이라고 느낄 수 있으면 좋겠어.' 눈물이 나면서 마음도 따뜻해지는 것을 느꼈습니다.

그렇게 두 건 모두 승소하였습니다. 고용관계청이 판결한 문서에는 임금보호법, 최저임금법, 공휴일법 및 고용관계법 위반으로 인한 지급 명령이 있었습니다. 금전적으로

어느 목회자 아내의 이야기

피해를 본 금액만큼 수령할 수 있게 된 것입니다. 재판 결과가 나오기까지 3년 5개월이 걸렸습니다. 참 감사한 것은 이 시간 동안 가해자를 미워하는 마음이 조금도 들지 않았다는 것입니다. 아무리 생각해도 저의 노력과 의지가 아니었습니다. 다만 자식도 있고, 노후도 보장된 사람이 이런 행동을 했다는 것이 이해가 되지 않았습니다. 기독교인임을 사칭하여 수많은 사람들에게서 시간과 돈과 꿈을 착취하고 먼저 그 땅에 살았다는 기득권을 가지고 새로운 꿈을 펼치려는 이들을 오히려 고난의 구렁텅이로 몰아넣은 이런 사람을 그냥 둘 수는 없었습니다. 우리는 그 땅에 복음을 전하러 순종하며 갔다는 것은 누구보다 주님이 잘 아시기에 억울한 감정에 붙들리지도 않았습니다. 공의로운 하나님께서 신실하게 일하실 것을 믿음으로 고백하며 잠잠히 기다렸습니다.

국선 변호사는 이 결과를 가지고 민사 소송을 진행하면 정신적인 피해와 체류하는 동안 일하지 못했던 것도 보상을 받을 수 있다고 알려 주었습니다. 저는 이 얘기를 들은 뒤에 이런 기도를 드렸습니다. "하나님, 저는 지금까지 살아오면서 죄를 많이 지었습니다. 만약 하나님께서 제가 지은 죄만큼 벌을 주었다면 저는 벌써 죽었을 것입니다. 이것

을 알기에 '눈에는 눈, 이에는 이'로 사는 것을 선택하지 않
겠습니다. 그동안 이 가해자도 타인에게 많은 피해를 주었
지만, 이번 재판에서 그 벌을 다 받지는 않았습니다. 그러
니 이러한 하나님의 은혜를 깨닫고 이제는 더 이상 그가 남
의 눈에서 눈물 흘리지 않게 해 주세요."

어느 목회자 아내의 이야기

2부

사장님 힘내세요

도적이 오는 것은 도둑질하고 죽이고 멸망시키려는 것뿐이요 내
가 온 것은 양으로 생명을 얻게 하고 더 풍성히 얻게 하려는 것이
라(요한복음 10:10)

꽃을 사야 할 일이 있어서 가까운 꽃집에 갔습니다. 그런
데 문이 잠겨 있어서 한 블록을 더 걸어갔습니다. 꽃을 주
문하고 기다리는데, 사장님께서 포장을 하면서 자신의 이
야기를 시작했습니다. 32살에 딸을 출산했고, 아기가 13개
월이 되었을 때 큰 위기를 만났다고 하였습니다. 미래가 창
창한 남편에게 위암이 선고되어 20일밖에 살 수 없다는 얘
기를 들었답니다. 자신에게 일어난 일이 사실이 아닐 거라
며 부정하고 또 부정하였습니다. 전국에 소문난 병원을 찾
아다니며 의학의 도움을 받았고, 지극히 병간호를 하였습
니다. 그러나 남편은 겨우 4년을 더 살다가 천국에 갔다고
합니다. 그때 사장님의 나이가 마흔 살이었는데, 혼자 아이

를 키우느라 정말 힘들었다고 하였습니다. 저도 같은 여자고 엄마이기에 충분히 공감할 수 있었습니다.

현재 딸은 자립하였지만 본인이 살길이 막막하다고 하였습니다. 코로나로 인해 졸업식이 없어졌고, 공연도 하지 않아 꽃이 판매되지 않는다고 하였습니다. 또 6개월간의 월세가 밀려서 심리적으로도 압박을 받았습니다. 문제는 신경정신과 약을 먹고 있는데, 세상을 등지고 싶은 나쁜 생각이 끊임없이 든다고 하였습니다. 저는 사장님에게 "자살을 망설이는 이유는 무엇인가요?" 하고 물었습니다. 사장님은 자살에 대한 두려움도 있지만, 딸아이에 대한 걱정이 가장 컸습니다. "사장님이 극단적인 선택을 한다면 딸아이는 어떻게 될 것 같습니까?" 아이에게 너무나 큰 상처를 줄 것 같다며, 흑흑 소리를 내면서 울었습니다. 한참을 울더니, "내 딸을 위해서라도 계속 살아야 할 것 같아요." 하고 대답하였습니다. 힘겹지만, 살기로 마음을 굳히셨습니다.

꽃값을 다 계산한 다음에 "제가 기도를 잘하지는 못하지만, 기도를 해 드리고 싶습니다." 하며 손을 잡았습니다. 주님께 이분의 삶을 위로해 주시고 사업과 자녀 위에 축복해 달라고 하였습니다. 무엇보다 하나님의 영이 이분을 지배하여 악한 영이 떠나가기를 기도하였습니다. 이분도 지역의 교회를 섬기고 있는 기독교인이었지만 현실의 삶의 무게에 눌려 하나님을 볼 수 없었고, 그분의 숨결을 느낄 수가 없었던 것 같습니다. 저는 이분께 너무나 어려운 상황에서도 최선을 다해 살아오셨고, 누구보다 마음의 병이 낫기 위해 얼마나 노력하셨을지 짐작이 간다며 응원해 드렸습니다. 사장님은 많은 위로를 받으셨는지 연신 눈물을 닦으셨습니다. 사장님을 꼭 안아 드리며 "힘내세요." 하고 가게에서 나왔습니다. 꽃다발을 들고 돌아오는 길에 아까 닫혀 있었던 꽃집이 열려 있는 것을 보았습니다. 그 순간 이런 생각이 들었습니다. '하나님도 하나님의 자녀가 너무나 아파하는 모습을 보기가 힘들어서 나의 발을 그 꽃집으로 인도하셨구나.'

무조건 살았으면 좋겠어

여자들이 두려워 얼굴을 땅에 대니 두 사람이 이르되 어찌하여
살아 있는 자를 죽은 자 가운데서 찾느냐(누가복음 24:5)

한 여성이 상담 센터에 상담을 받으러 왔다가 신앙 간증을 해 주셨습니다. 자신이 초등학교에 다닐 때 아버지께서 중풍으로 쓰러지셨다고 합니다. 병상에 누운 아버지는 3년 정도 어머니의 수발을 받다가 돌아가셨습니다. 그 후에 어머니께서도 중풍으로 쓰러지면서 자신이 고등학교 시절부터 26살 때까지 어머니를 보살폈다고 합니다. 남동생과 언니가 있었지만 돈을 벌어오거나 간호를 해 줄 수는 없는 상황이었습니다. 이렇게 힘든 삶을 사는 자신에게 친척들은 입에 담을 수 없는 말들을 내뱉었습니다. "너는 태어나지 말았어야 해. 너는 죄가 많아서 이렇게 힘든 거야. 너는 그렇기 때문에 회개를 많이 해야 해." 등등 이런 얘기를 많이 했답니다. 저는 이 얘기를 들으면서 '기독교인들의 폭언은

세상에서 듣는 것보다 더 무섭구나'라는 생각을 했습니다.

이분이 고등학교 2학년을 보내며 11월이 가까워지니 왠지 불안하기도 하고 우울해졌다고 하였습니다. 그것은 쌀쌀해지는 날씨가 곧 매서운 바람이 부는 겨울로 바뀔 날이 얼마 남지 않았기 때문입니다. '겨울이 되면 추워서 어떻게 살지?' 고민을 하고 있는데, TV를 통해 연예인 자살 뉴스를 접했다고 합니다. 그런데 귀에서 "너도 없어졌으면 좋겠어." 이런 소리가 들리더랍니다. 그때 자동적으로 '그래, 나는 없어져도 되는 사람이야.'라는 반응을 했고, 점점 심각한 단계까지 갔습니다. 이렇게 어둠의 영은 자신을 삼키려고 반복적으로 속삭였고, 자신은 사탄에게 순응하고 있었습니다.

세상을 등지려는 생각에 사로잡혀 있는데, 같은 반 친구가 교회에 한 번만 나가자고 졸랐습니다. 지금 자신에게 중요한 것은 교회가 아니기에 고사하였지만, 막무가내였습니다. 하도 졸라 대는 친구에게 '그래, 한 번만 가 주자' 하고 갔답니다. 그런데 그날이 11월 5일이었는데, 추수감사절이면서 바로 이분의 생일이었습니다. 세상에서는 분명 나를 죽으라고 하는데 교회에서는 하나님께 감사하고, 기뻐하

어느 목회자 아내의 이야기

고, 자신이 태어난 날을 축복해 주더랍니다.

이분은 '아, 하나님께서 나를 살리기 위해서 교회로 인도하였구나' 하고 생각했습니다. 그때 비로소 하나님의 존재를 알았다고 합니다. 25년도 더 된 이야기를 하면서 은혜의 감격이 되살아났고, 둘은 눈물범벅이 되었습니다. 저는 영적 세계에 근간을 둔 대화 중 이 말씀이 생각났습니다.

> 아무리 둘러보아도 나를 도울 사람이 없고, 내가 피할 곳이 없고,
> 나를 지켜 줄 사람이 없습니다. 주님, 내가 주님께 부르짖습니다.
> "주님은 나의 피난처, 사람 사는 세상에서 내가 받은 분깃은 주님
> 뿐"이라고 하였습니다. (시편 142:4-5 새 번역)

이분은 추수감사절을 기점으로 지금까지 교회에 잘 다니고 있다고 합니다.

반복된 성형 수술

내 안에 거하라 나도 너희 안에 거하리라 가지가 포도나무에 붙
어 있지 아니하면 스스로 열매를 맺을 수 없음 같이 너희도 내 안
에 있지 아니하면 그러하리라 (요한복음 15:4)

상담 센터로 상담을 요청하여 만나게 된 청소년이 있습니다. 24살의 여자로, 명문대 4학년이었습니다. 상담을 받기로 결정한 이유에 대해서 묻자, 자살 생각을 하고 있어서 도움을 청하게 되었다고 하였습니다. 대학교 1학년 때부터 과외를 해서 번 돈이 5천만 원 정도 되는데, 어느 정도 돈이 모이면 반복적으로 얼굴 성형을 하였다고 했습니다. 문제는 성형 수술이 잘못되면서 재수술을 하게 되었고 재수술한 부위가 또 마음에 들지 않아 대인 기피증에 수면 장애까지 생겼다고 하였습니다. 상담을 하는 동안에도 강남의 성형외과를 찾아다니며 재수술 상담을 받았습니다. 그리고 취업을 앞두고 하루의 대부분을 거울만 보고 있다고 하였습니다.

저는 성형 수술을 하게 된 계기가 궁금했습니다. 대학교 1학년 때 처음 사귀던 남자 친구와 잘 지내다가 헤어지게 되었습니다. 그런데 그 남자 친구가 자신과 헤어진 지 얼마 지나지 않아 자신보다 예쁜 여자와 사귀는 것을 보게 되었습니다. '뭐야, 내가 못생겨서 헤어지자고 했어? 후회하게 만들어 줄게.' 예뻐지는 것만이 복수하는 길이기에 그때부터 자신의 얼굴을 하나하나 고치기 시작했다고 하였습니다.

저는 총 12회기의 상담을 진행하며, 마지막 회기에는 복음을 전할 계획을 가지고 있었습니다. 이 시간을 기도로 준비했기에 용기를 내어 이 학생에게 예수님을 소개하였습니다. 다행인 것은, 자신에게 종교를 강요했다고 느꼈다면 센터로 항의를 했을 텐데 성령님의 도우심으로 교회에 나가보겠다고 하였습니다. 그래서 저는 딱 한 달 동안 이 청년의 집과 가까운 교회의 청년부 예배에 동행해 주겠다고 하였습니다. 4주 동안 타 교회에 정착시키기 위해 한 시간 동안 버스를 타고 갔습니다. 그때 당시 아이들도 어렸는데, 남편의 협조로 주일 오후 시간을 섬길 수 있었습니다. 다행히 이 청년은 예배에 한 번도 빠지지 않았고, 4주 동안 같은 시간에 청년부 예배를 함께 드렸습니다.

저는 4주의 시간이 다가올수록 앞으로 혼자 예배에 나오지 않을까 봐 내심 걱정이 되었습니다. 그런데 마지막 주에 이 성경 구절을 펼쳐 보이며 (내 안에 거하라 나도 너희 안에 거하리라 가지가 포도나무에 붙어 있지 아니하면 스스로 열매를 맺을 수 없음 같이 너희도 내 안에 있지 아니하면 그러하리라(요한복음 15:4)) "그동안 제가 예수님께 붙어 있지 않아서 마음이 공허했던 것 같아요. 예수님이 제 안에 있으면 공허함이 사라진다는 것을 믿게 되었어요. 앞으로는 성형을 하지 않을 거예요." 이렇게 고백하였습니다. 저는 그제야 마음을 놓을 수 있었습니다. 1년 뒤 제가 외국에 있을 때 이분으로부터 연락을 받았는데, 취업도 했고 교회 생활도 잘하고 있다고 하였습니다.

오늘은 꼭 복음을 전해야지

또 이르시되 너희는 온 천하에 다니며 만민에게 복음을 전파
하라 믿고 세례를 받는 사람은 구원을 얻을 것이요(마가복음
16:15~16)

제가 상담사로 근무하고 있는 부대의 군 식당에서 우연
히 남자분과 함께 식사를 하게 되었습니다. 대화가 오가던
중 제가 "어떻게 불러야 할까요?" 했더니 "○ 장군입니다."
라고 하였습니다. 군에서 일을 해 본 적이 없어서 옷에 붙
어 있는 계급에 자동으로 눈이 가지 않았던 것입니다. 사실
은 장군의 계급에 대해서도 잘 몰랐습니다. 나중에 남편으
로부터 듣게 된 것은 제가 그 장군님에게 큰 실수를 했다는
것입니다. 감히 장군에게 그런 말을 하다니 놀라울 따름이
라며 며칠을 놀렸습니다. 그 후, 식사 시간이 동일하다 보
니 장군님과 여러 번 마주치게 되었습니다. 속으로 '이렇게
만나는 것은 분명 하나님의 뜻이 있을 거야. 기회를 봐서

이분에게 복음을 전해야겠다.'라고 생각했습니다.

   어느 날, 약속을 잡은 뒤 집무실로 찾아갔습니다. 얘기를 나누어 보니 장군님의 관심사는 색소폰이었습니다. 퇴근 후에 동아리 활동을 하며 열심히 실력을 키워 가고 있었습니다. 그러면서 저에게 "상담관님, 좋아하는 곡이 있으면 말씀해 보세요. 연주해서 영상으로 보내겠습니다."라고 말하였습니다. 저는 드디어 기회가 왔다고 생각했습니다. '완전하신 나의 주'라는 곡을 캡처 해서 바로 보내 드렸습니다. 답글이 오기를, "30년 이상 불교의 신앙을 가지고 있는 저에게 너무하시네요. 혹시 좋아하는 가요는 없나요?", "죄송하지만 저는 가요를 모릅니다. 그러니 이 곡으로 부탁합니다."라고 보냈습니다. 이 곡을 연습하는 동안 장군님에게 성령님이 임재하기를 기도하였습니다.

   몇 개월 후, 장군님은 다른 곳으로 이동을 하게 되었습니다. 전속 마지막 날, 저는 또 집무실로 찾아갔습니다. 종교에 대한 얘기로 인해 감정이 상할까 봐 조심스러웠지만 영혼을 위해서는 오늘 꼭 복음을 전해야 했습니다. "장군님, 요즘 마음이 어떠신가요?" 자신의 일상을 풀어 놓으며 마지막에 "마음이 공허합니다."라고 하셨습니다. 저는 지금이

기회다 싶어서 "우리의 죄를 대신해서 죽었다가 부활하신 예수님이 내 안에 들어오면 공허함이 사라집니다.

이 땅에 보이는 것이 절대 전부가 아닙니다. 분명 천국이 존재합니다. 그리고 부탁인데, 지휘관으로 가서 힘든 일이 생기면, 꼭 하나님을 찾으십시오."라고 말씀드렸습니다. 장군님은 저의 얘기를 진심으로 들어 주셨고, 겸손한 태도로 이렇게 말씀하셨습니다. "저를 위해 이런 말씀을 해 주셔서 감사합니다. 기독교에 대해 좋게 생각합니다." 저는 복음을 전했으니, 주님께서 이분에게 역사하여 주시기를 또다시 기도했습니다.

영혼이 살아나기를

주 여호와께서 이 뼈들에게 이같이 말씀하시기를 내가 생기를 너
희에게 들어가게 하리니 너희가 살아나리라(에스겔 37:5)

가족상담센터에서 근무할 때, 남성 한 분이 상담을 요청
하였습니다. 차분해 보였고 나름 웃음을 보여 주려고 노력
했지만, 전체적으로 무거운 표정이었습니다. 차를 한잔 나
눈 후, 자신의 이야기를 하기 시작했습니다. 불과 얼마 전
까지만 해도 큰 병 없이 건강하게 지냈다고 합니다. 그런데
주변으로부터 안색이 좋지 않으니 병원 검진을 받아 보라
는 얘기를 여러 번 듣게 되어 병원을 찾았답니다. 최근 2년
간 직장에서 스트레스를 많이 받았던 것이 원인인지 모르
겠지만, 자신이 간암에 걸렸다고 하였습니다. 병원에서도
위중하다고 판단을 했는지 큰 병원으로 가라는 안내를 받
았습니다. 지난주에 정밀 검사를 했고 이번 주에 결과가 나
오면 바로 치료를 시작해야 한다고 하였습니다.

저는 "선생님, 가장 걱정되는 것은 무엇입니까?"라고 물었습니다. 첫 번째는 딸이라고 하였습니다. 자폐가 심한 발달 장애인이기 때문에 더 많이 걱정이 된다는 것입니다. 그리고 자신 없이 아내가 혼자 아이를 키우는 것도 생각할 수 없을 정도로 막막하다고 했습니다. 두 번째는 죽으면 천국에 갈 수 있을지 모르겠다고 하였습니다. 그러면서 자신은 3년 전까지는 구원의 확신이 있었답니다. 과거에 아이의 장애를 알고 난 뒤로, 아내와 함께 예배라는 예배는 다 참석했습니다. 새벽 기도회에도 아픈 아이를 업고 열심히 다녔습니다. 뜨겁게 하나님을 만나는 체험을 하면서 부부의 신앙 수준도 올라갔습니다. 그런데 직장에서 상사로 인해 깊은 상처를 받았습니다. 아이러니하게도 그 상사와는 같은 교회를 다녔습니다. 교회에 가면 앞쪽에 그 상사가 앉아 있었고, 뒤통수만 보였습니다. 말씀에 집중하려고 애를 써보았지만 노력 밖의 일이었습니다. 부부는 많은 고민 끝에 교회의 발길을 뚝 끊었습니다.

저는 두 손으로 자신의 양쪽 팔을 잡아 보라고 했습니다. 예전에는 하나님과 이런 관계였다면, 이제는 "한쪽 손만 놓아 보세요. 선생님은 손을 놓았지만 하나님은 당신의 손을 잡고 계십니다. 오늘도 이렇게 잃어버린 영혼을 찾기 위해

서 저를 만나게 하지 않으셨습니까?" 잠시 기도를 해도 되
겠는지 여쭈어보았습니다. 치료 과정 중에 하나님의 은혜
를 경험하기를, 그리고 아내와 자녀를 위한 기도를 했습니
다. 이분은 기도가 끝난 뒤에 한참 동안 고개를 들지 않았
습니다. 나중에 천천히 고개를 들더니 누군가의 기도를 받
은 것도 오랜만이지만 치료 전에 기도를 받은 것이 너무나
놀랍다고 하였습니다.

　6개월 후에 동료로부터 이분의 소식을 듣게 되었습니다.
예상했던 것보다 수술이 잘되었고, 회복 과정 중에 있다고
하였습니다. 말라 버린 이 뼈, 저 뼈가 서로 연결되고 힘줄
이 생기고 살이 오르듯이, 다시 주님과 연결되어 영혼이 힘
을 얻고, 천국 백성이 되기를 소망해 봅니다.

　　　　　　　어느 목회자 아내의 이야기

영적인 고아의 삶

수고하고 무거운 짐 진 자들아 다 내게로 오라 내가 너희를 쉬게

하리라(마태복음 11:28)

예전에 다녔던 직장의 맞은편에 계신 분이 차를 한잔하자고 해서 그분의 사무실에 방문하게 되었습니다. 그런데, 문을 열자마자 반짝반짝 빛나는 성탄 트리가 있었습니다. '12월도 아닌데, 사무실에 이렇게 큰 트리를 두었다니' 하며 놀라고 있는데 자신은 트리를 좋아하기 때문에 1년 내내 두고 싶다고 하였습니다. "선생님, 이것을 좋아하는 특별한 이유가 있으세요?" 하고 물으니, "저는 이웃과 사랑을 나누고 싶은 마음이 큰데, 이 자체가 사랑이라고 생각합니다." 이렇게 대답을 하셨습니다. 저는 혹시 종교가 있는지도 물었습니다. 자신은 모태 신앙인이고 학창 시절에 교회, 기독교 동아리에서 회장으로 활동을 많이 했다고 하였습니다.

그리고 5년 정도 사회생활을 하다가 목사가 되려고도 하였답니다. "목사가 되려고 했을 정도면 깊은 신앙을 소유하고 있을 텐데, 혹시 어느 교회에 다니세요?" 하고 묻자 침묵이 흘렀습니다. 그러더니 "사실 예수님께서 나를 구원해 주셨고, 죽으면 영혼이 천국에 간다고 하는데 믿어지지가 않습니다. 이 부분에서 계속 걸리기 때문에 현재는 교회에 다니고 있지 않습니다. 그리고 저는 이공계 출신입니다. 영혼에 대해서는 이렇게 정리를 하고 있습니다. 사람이 죽으면 영혼은 우주로 흩어지고, 흩어진 영혼은 에너지이기 때문에 우주에서 사용을 합니다. 그리고 임신을 하면 흩어진 에너지가 자궁으로 모여서 아기가 자랍니다." 저는 처음 들어본 이야기였기에 이해하기 힘들었습니다.

이분은 미국 유학을 다녀오셨고, 최고의 학위를 가지고 계셨습니다. 도전하는 시험마다 한 번에 합격을 해서 타인의 부러움도 샀다고 했습니다. 저는 이렇게 물었습니다. "그동안 성공적인 삶을 살아오셨는데, 20년간 예수님을 떠난 삶은 어떠셨습니까?" 곰곰이 생각해 보더니, "항상 불안하고 두려웠습니다. 가장 행복한 사람은 근심 걱정 없이 사는 사람이라고 하는데 저도 근심 걱정 없이 살고 싶습니다." 하고 대답하였습니다. 저는 죄의 문제가 해결되지 않았기 때문에 불안하고 두려운 것은 당연하다고 말씀드렸습니다.

구원은 예수님을 알고 있다고 주어지는 것이 아니라 예수님께서 우리를 위해 죽으시고 부활하셨다는 것을 믿어야 주어지는 것임을 다시 한번 느꼈습니다.

예수님께 받은 사랑의 빚

우리가 사랑함은 그가 먼저 우리를 사랑하셨음이라(요한1서 4:19)

한때 제가 주로 하던 업무가 폭력의 경험을 가진 여성들을 지원하는 일이었습니다. 밤사이에 부부 싸움으로 경찰서에 신고가 되면, 다음 날 저에게 상담 의뢰서가 들어왔습니다. 주말을 지나고 오면 몇 건씩 쌓여 있기도 했습니다. 그래서 출근을 하면 가장 먼저 경찰서에서 온 서류가 있는지 확인부터 하였습니다. 어느 날, 신고 내용을 읽어 본 뒤에 피해 여성에게 전화를 걸었습니다. 통화된 분은 현재 위험한 상황에 있고 잠을 이루지도 먹지도 못하고 있었습니다. 심각한 사안으로 감지되어 출동을 하게 되었습니다. 집안에 들어서니, 불도 꺼 놓고 커튼까지 쳐 놓아 잘 보이지 않았지만 한 여성이 앉아 있었습니다. 이 여성은 저를 경계하는 눈빛으로 쳐다보았고, 온몸을 부들부들 심하게 떨었습니다.

어느 목회자 아내의 이야기

밤사이에 있었던 일을 잘 기억하지 못할 정도로 불안정해 보여서 신경정신과로 데리고 갔습니다. 순서를 기다리는 동안에도 얼마나 떨던지 옆에 앉은 저에게도 고스란히 느껴질 정도였습니다. 너무나 안쓰럽고 마음이 아팠습니다. 불편하지 않다면 제가 손도 잡아 주고 안아 드려도 되겠는지 여쭈어보았습니다. 두 팔로 여성을 감싸 주었습니다. 그리고 속으로 "주님, 이 딸을 불쌍히 여겨 주세요. 제 안에 있는 예수님의 사랑과 평안이 이분에게 흘러가기를 원합니다. 예수님을 만나 모든 상처로부터 자유케 하옵소서."라고 기도했습니다.

진료 후에 약을 복용하게 하면서 여러 가지 지원을 받을 수 있도록 자원 연계도 해 드렸습니다. 그리고 이분의 부탁으로 진술서 작성을 도와 드렸습니다. 30년 동안 결혼 생활을 하면서 남편이 산으로 끌고 가서 때렸던 이야기, 성폭력 등. 인간이 더 이상 내려갈 수 없는 곳까지 함께 내려갔습니다. 예수님에 비할 바는 아니지만, 죄인들을 위해 이 낮고 낮은 곳에 오신 예수님이 생각났습니다. 다행히 이분은 점점 일상을 회복해 갔습니다. 자신의 결혼 생활이 엉망이었다고, 삶까지 엉망으로 만들고 싶지는 않았나 봅니다. 그리고 몇 개월 후, 취업에 성공했다며 연락도 주셨습니다.

저로 인해 '나를 위해서 일해 주는 누군가가 있구나', '세상은 그래도 살 만하다', '조금 더 힘을 내서 살아 봐야지' 하고 생각했다면, 이것으로 충분합니다. 왜냐하면, 저는 예수님께 받은 사랑의 빚을 갚고 있는 중이니까요.

　　　　　　　　　어느 목회자 아내의 이야기

하나님의 선물

주께서 내 장부를 지으시며 나의 모태에서 나를 조직하셨나이다
내가 주께 감사하옴은 나를 지으심이 심묘막측하심이라 주의 행
사가 기이함을 내 영혼이 잘 아나이다(시편 139:13~14)

20대 후반의 여성이 상담실 문을 두드렸습니다. 주 호소
문제는 일상생활에서 일반적인 수준 이상으로 두려움과 불
안을 느끼는 것 같다고 했습니다. 최근에 있었던 일로는,
오랜 시간의 공부 끝에 회계사 시험에 합격했습니다. 가족
들도 이제 고생 끝이라며 모두 축하를 해 주었습니다. 하지
만 '이 기쁨이 사라지면 어쩌나?' 하는 두려움과 불안에 시
달린다고 하였습니다. 저는 물었습니다. "혹시 예전에도 이
런 불안을 느꼈던 적이 있습니까?" 어릴 때 부모님의 이혼
으로 네 명의 딸을 아빠 혼자 키웠고, 일하러 갈 때는 밖에
서 문을 걸어 놓고 갔습니다. 초등학교에 들어가서는 산만
하고 준비물을 잘 챙겨 오지 않는다며 선생님들께 많이 맞

았다고 합니다. 뚜렷이 기억하고 있는 것은 교실 앞에서 뒤에까지 뺨을 맞았던 적도 있었습니다. 초등학교 1학년 때부터 고등학교 시절까지 빚쟁이들이 집에 찾아와 아빠를 괴롭혔던 기억도 있었습니다. 보호받지 못하고, 안전하지 않은 환경에 오랫동안 노출된 것이 현재의 불안과 연결되어 있었습니다.

다행히 중학교 시절에 신앙을 가진 친구들을 만나 교회에 다니게 되었습니다. 그 친구들이 반에서 1~2등을 하는 친구들이어서 자연스럽게 공부도 열심히 하게 되었답니다. 학원에 한 번도 다닌 적이 없었지만 우수한 성적으로 기숙사가 있는 고등학교에 입학하였습니다. 친구들은 밥이 맛이 없고 기숙사가 낡았다고 불평했지만, 자신은 밥 걱정 없고 자신의 공간이 있어서 더 열심히 공부할 수 있었다고 합니다. 3년 간 장학생으로 용돈까지 받아 쓸 수 있는 혜택까지 누렸습니다. 그 후 명문대에 입학하였고, 4년간 과외를 하여 학비와 생활비를 벌어서 생활하였습니다. 회계사의 꿈을 가지고 공부하던 중에 남편을 만나 결혼을 하였답니다. 남편의 뒷바라지와 시부모님의 지지로 합격의 영광을 안을 수 있었습니다.

어느 목회자 아내의 이야기

취업을 하려고 고민을 하고 있는데, 돈을 많이 버는 것보다 더 중요한 것이 떠올랐습니다. 그동안 하나님께서 위험한 상황에서 지켜 주셨고 물질이 필요하면 채워 주셨고 사람의 도움이 필요하면 사람도 붙여 주셨는데, 돈을 많이 벌면 하나님과 멀어질 것만 같았답니다. 그리고 하나님께 빚을 갚고 싶은 마음이 있었다고 합니다. 그래서 사회에 공헌하고자 공공 기관에 취업을 하였습니다. 세 달 동안 교육도 열심히 받았습니다. 그런데 임신 사실을 알게 되었다고 합니다. '이제 회계사로서 인정도 받고, 돈도 벌 수 있겠구나' 했는데, 계획에도 없던 임신이 된 것입니다. 현재 6주가 되었고 자신은 너무 괴롭다고 하였습니다. 이 모습을 보는 남편도 아내를 위해서 유산을 허락하였다고 합니다.

저는 두려움과 불안에 떨었던 '어린 시절의 나'를 만나게 해 주었습니다. 오랜 시간이 지났지만, 그때의 경험과 감정을 모두 기억하고 있었습니다. 마지막에 성인이 된 자신이 어린 나를 안아 주는 시간을 가지면서 비로소 편안해질 수 있었습니다.

"하나님께서 나의 삶을 여기까지 인도하셨다고 고백하였지요?", "네.", "그렇다면 가장 좋은 때에 가장 좋은 것을 주시는 분이라는 것도 인정하십니까?", "네~", "제가 볼 때는 하나님께서 가장 귀한 선물을 주셨는데, '저는 이 선물이 마음에 들지 않습니다. 다시 가져가세요.'라고 하는 것 같습니다."라고 했더니, 이 여성은 큰소리로 "앙~" 하고 소리를 내며, 울었습니다. 그러면서 하나님께 자신이 원하는 것만 구했고, 하나님의 계획을 온전히 신뢰하지 않았다고 고백했습니다. 그리고 아이를 낳겠다는 약속을 하며 헤어졌습니다.

몇 개월이 지난 후, 저는 운전을 하고 있었는데 휴대 전화가 울렸습니다. 이분의 목소리였습니다. 지난번에 상담을 받은 후, 상황적으로나 마음도 안정이 되었고 태아도 잘 크고 있다고 하였습니다. 그 순간, 기쁨에 겨운 하나님 아버지의 마음이 저의 가슴에 느껴지면서 앞이 보이지 않을 정도로 눈물이 흘렀습니다. "주님, 감사합니다." 또 한 번 기뻤던 일은, 내담자로부터 건강하게 출산했다는 소식과 함께 하품하는 아기 사진을 받았다는 것입니다.

텔레비전이 고장 났어요

또한 어떤 사람에게든지 하나님이 재물과 부요를 그에게 주사
능히 누리게 하시며, 제 몫을 받아 수고함으로 즐거워하게 하신
것은 하나님의 선물이라(전도서 5:19)

월요일 아침, 전 직원이 모여 회의를 하고 있었습니다. 제 방에서 전화가 울리기 시작했는데, 받을 때까지 끊지 않기로 마음을 먹은 것 같았습니다. 직감적으로 무슨 일이 생겼다는 것을 알았습니다. 조금 늦었지만, 달려와 수화기를 들었습니다. 그동안 상담을 받고 있었던 분이었습니다. 격양된 목소리로 "선생님, 큰일이 생겼습니다." 저는 너무 놀랐고 무슨 일인지 조심스럽게 물었습니다. "우리 집에 있는 텔레비전이 고장 났습니다." 텔레비전의 고장으로 하늘이 무너지는 경험을 하는 것 같아서 집에 방문을 했습니다. 생필품을 비롯해 같은 물건이 켜켜이 쌓여 있었습니다. 두 대의 냉장고에도 음식이 꽉꽉 차 있었습니다. 방바닥은 발을

디딜 틈이 없을 정도여서 물건을 밟으며 들어가고 나왔습니다. 두 명이 사는 집에 물건이 왜 이렇게 많은지 이해하기가 힘들었습니다. 잠시 이분이 그동안 우울증에서 벗어나지 못하는 이유에 대해 생각해 보았습니다. '다 가질 수 없다는 것이 당연한데도 더 가질 수 없는 현실에 대해 자기만 불행한 존재라 생각하며 살았겠구나.' 욕심이 컸기에 가질 수 없다는 상실감과 좌절감도 더 크게 다가왔을 것입니다. 상담을 받는 동안에도 자신은 '좋은 부모를 만나지 못했고, 사랑도 받지 못했고, 나만 돈이 많지 않고, 내 자식만 이름 있는 대학에 가지 못했고…' 가진 것에 대한 만족이 하나도 없었습니다. 매사에 부정적인 사건만 기억했고 세상과 미래도 부정적이었습니다. 이런 부정적인 사고는 우울한 감정, 우울증으로 이어졌습니다. 그리고 만성 우울증이 신체화 증상으로 발전해 소화 불량, 두통, 불면증, 식욕 저하 등 살아 있으나 죽음보다 못한 삶 혹은 감옥에서 살고 있는 것 같았습니다.

이분을 대할 때에는 충분한 수용을 해 드렸고, 집착과 괴로움을 덜기 위한 전략들을 고민했습니다. 또 살 만한 삶으로 변화를 이끌어 내는 데 애를 썼던 기억을 가지고 있습니다. 만약 제가 그때의 상황으로 돌아간다면 이분에게 이 말

어느 목회자 아내의 이야기

을 가장 하고 싶습니다. "현실을 그대로 인정하고, 받아들여 보세요. 고통은 불가피하지만 괴로움은 선택 사항입니다."

저에게 주신 하나님의 선물을 내면과 외면에서 찾아보았습니다. 현재 타인에게 도움을 주려고 온 것, 반대로 그동안 많은 사람들에게 도움을 받았던 것, 현재 제 몸 곳곳에 암이 아닌, 감사의 세포가 살아 있는 것, 어려움이 온다고 해도 그 전보다 조금 더 담담하게 받아들일 수 있는 것, 주님의 사랑을 경험한 것 등 셀 수 없이 많았습니다. 모든 것이 감사였습니다. 하나님이 나에게 주신 선물이 무엇인지 아는 것이 중요하고 이 선물을 누리고 나누면서 사는 것이 귀한 삶임을 다시금 깨달았습니다.

3부

네, 낫고 싶습니다

병자가 대답하되 주여 물이 움직일 때에 나를 못에 넣어 주는 사
람이 없어 내가 가는 동안에 다른 사람이 먼저 내려가나이다(요
한복음 5:7)

예수님께서는 병자가 누워 있는 것을 보셨습니다. 또 그
가 이미 오랫동안 그곳에 있었던 것을 아셨습니다. 그리고
그 병자에게 "네가 낫고자 하느냐?"하고 물으셨습니다. 마
음이 건강한 사람의 대답이었다면 "네, 낫고 싶습니다." 하
고 자신이 원하는 것을 말했을 것입니다.

하지만 병자는 타인을 원망하는 말을 합니다. "주여, 물
이 움직일 때에 나를 연못에 넣어 주는 사람이 없고 불편한
몸으로 내가 가는 동안에 다른 사람이 먼저 내려갑니다."
하며 남의 탓을 합니다.

제가 만나는 사람들 중 일부도 '저는 어릴 때부터 부모님의 사랑을 받지 못했습니다. 우리 부모님은 싸우는 날이 많아서 집에 경찰이 자주 왔었습니다. 제가 부모님의 칭찬, 인정만 받았어도 이렇게 살지는 않을 것입니다. 내가 그렇게 갖고 싶었던 물건을 사 주지 않았어요. 그러니 어쩌면 내가 심리적인 병자로 사는 것은 당연합니다.' 이런 느낌을 받을 때도 있습니다.

성경에 나온 병자는 정말로 다른 사람의 도움을 받지 않고서는 이동을 할 수 없는 처지였습니다. 그런데 타인을 원망하고 있는 분들을 보면 육체적으로 움직일 수도 있고, 주체적으로 살아갈 수 있음에도 불구하고 과거에 묶여서 한 발자국도 앞으로 나가지 못하고 있는 것을 봅니다. 또 이들에게서 어린아이와 같은 미성숙한 모습도 쉽게 볼 수 있습니다. 나에게 관심과 사랑, 박수만 쳐 달라고 합니다. 나를 두고 떠날까 봐 두려워하며 자신의 삶을 온전히 살지 못합니다.

주변 사람들에게 끊임없이 받기를 원하고, 기대에 미치지 못하면 분노하며, 주변 사람을 경쟁자로 여기고, 남 탓하며 살아가는 사람들을 많이 봅니다. 이렇게 내가 타인에게 초점을 맞추고 있을 때, 하나님은 사랑의 눈으로 나를 보고 계시는 것을 알면 달라질까요? "네가 낫기를 원하느냐?

그렇다면 그 원망의 자리에서 일어나 앞으로 걸어가라. 이제는 주변을 보지 말고, 너를 위해 십자가를 진 나를 보거라. 나를 경험하면 너에게 충분한 사랑을 주지 못했던 너의 부모님을 네가 사랑해 줄 수 있을 거야. 그리고 주변 사람들도 경쟁의 대상, 비교의 대상, 원망의 대상, 나의 결핍을 채워 줄 대상이 아니라, 네가 축복을 빌어 줄 대상으로 보게 될 거란다."

사울의 악행에서

죽고 사는 것이 혀의 권세에 달렸나니 혀를 쓰기 좋아하는 자는
그 열매를 먹으리라(잠언 18:21)

의인의 마음은 대답할 말을 깊이 생각하여도 악인의 입은 악을
쏟느니라(잠언 15:28)

이스라엘의 첫 번째 왕인 사울은 다윗이라는 인물이 등
장하기 전까지는 그저 그런 별 볼일 없는 사람이었습니다.
그는 하나님 은혜로 이스라엘의 초대 왕이 되었고, 왕으로
서의 직무를 감당하던 사람이었습니다. 이런 그에게 다윗
의 등장은 평범하게 살아가던 자신의 인생을 완전히 뒤바
꿔 놓는 결과를 낳고 말았습니다.

다윗의 등장은 사울 왕과 이스라엘 군대의 입장에서는
강렬하였습니다. 사울 자신과 이스라엘 군대를 조롱하는

블레셋 장수 가드 사람 골리앗의 엄포로 모두가 움츠리고 있었습니다. 어느 누구도 골리앗 앞에 나서지 않는 상황 속에서 어린 다윗의 등장은 그야말로 신선한 충격이 아닐 수 없었습니다. 의분에 가득 찬 모습으로 골리앗과 싸우겠다며 자신을 설득하는 다윗의 간청에 사울 왕은 그 어떤 기대도 없이 승낙을 하였습니다. 그런데 모두가 예상치 못한 다윗의 승리로 끝이 났습니다.

이후 사울 왕의 눈에 든 다윗은 함께 여러 전쟁터를 누비게 되었고, 큰 공을 세웠습니다. 사울 왕은 점점 다윗의 매력에 빠져들었습니다. 그런데 전쟁에서 승리하고 돌아왔을 때, 이스라엘 백성들의 민심이 다윗에게로 향해 있음을 알게 되었습니다. 상상하는 바와 같이, 그는 강한 열등감과 비교 의식에 사로잡혀 이제껏 충성을 다한 다윗을 반드시 없애야만 하는 적으로 간주하게 됩니다.

사울 왕이 칼을 들고 다윗을 죽이기 위해 따라다녔다는 내용으로 아동부에서 설교를 하였습니다. 묵상을 하던 중 '나는 이 입술로 타인을 몇 명이나 죽였을까?' 반대로 타인의 말로 인해 뼛속까지 통증을 느꼈던 것도 생각났습니다. 사울과 다윗의 관계에서 생각해 보면, 사울이 나쁜 말로 상

어느 목회자 아내의 이야기

처를 주었음에도 다윗은 똑같이 반응하지 않았습니다.

　4명의 사람이 각각 운전을 하고 가는데 갑자기 차 한 대가 끼어들었다고 가정을 하고 그에 대한 반응을 보겠습니다. 1번의 사람은 즉시 입에서 욕이 나왔습니다. 2번은 창문을 내리고 끼어든 운전자를 향해 욕을 했습니다. 3번은 내 차가 저렴해서 나를 무시한 행위라며 씩씩거렸습니다. 4번은 '저 차에 아픈 사람이 타고 있어서 빨리 병원으로 가야 하나?' 이런 생각을 하였고, 차의 속도를 줄였습니다. 이렇게 차가 끼어드는 똑같은 자극에도 반응은 다 달랐습니다.

　1번과 2번 운전자는 평소에 자극이 왔을 때 바로 물어버리는 동물처럼 행동부터 하는 분들이 아닐까? 생각합니다. 3번의 운전자는 '내 차가 저렴해서 무시했나?'라는 생각과 함께 불쾌하고, 화나는 감정이 느껴졌을 것입니다. 이 감정은 앞차를 들이박고 싶거나, 똑같이 복수하는 행동으로 나타날지도 모릅니다. 그런데 여기에서 생각해 볼 것은, 그 어느 누구도 나에게 무시한다고 말하지 않았다는 것입니다. 내가 이 이야기를 만들었고, 이 이야기로 인해 이런 감정을 느꼈습니다. 4번의 운전자는 '만약 아픈 사람이 타고 있다면 빨리 병원으로 가야 하니까 끼어들 수밖에 없었겠구나'라는 생각을 했습니다. 이 생각으로 인해 부정적인 감정은 올라오지 않았고, 속도를 줄여 주는 행동으로 나타났습니다.

　우리의 일상에서도 생각이 감정을 만들어 내고, 감정은 곧 행동으로 이어지는 것을 자주 보게 됩니다. 위의 내용처럼 우리가 살아있는 동안에는 끊임없이 자극이 옵니다. 그런데 어떠한 자극에도 깊은 생각 가운데, 하나님께서 기뻐하는 생각을 선택한다면 타인에게 악을 쏟지는 않을 것입니다.

어느 목회자 아내의 이야기

완전한 사랑과 회복

높음이나 깊음이나 다른 어떤 피조물이라도 우리를 우리 주 그
리스도 예수 안에 있는 하나님의 사랑에서 끊을 수 없으리라(로
마서 8:39)

나를 눈동자 같이 지키시고 주의 날개 그늘 아래에 감추사(시편
17:8)

폭력의 종류는 신체 폭력, 언어 폭력, 따돌림, 정서 폭력,
경제적 폭력, 성폭력, 사이버 폭력 등 여러 가지가 있습니
다. 저는 가정 안에서 신체 폭력을 당한 피해자를 신경정
신과에 데리고 가서 약도 먹게 하고, 법적으로 지원도 받게
하고, 행정복지센터에 찾아가서 도움도 청하고, 마음이 회
복될 수 있도록 상담하는 일을 하였습니다. 그런데 시간이
지나면서 피해자들의 유형에 대해 알게 되었습니다.

첫 번째는 분명히 피해자였는데, 어느새 파괴적 권리가 생겨서 무고한 상대에게 똑같은 가해를 하는 가해자가 되어 있었습니다(주로 남편과 자녀, 길 가는 사람).

두 번째는 계속 피해자로 살아갑니다. 외부 세계에 대한 불신이 그의 생각과 마음을 지배하고 있습니다. 그렇지 않은 분도 계시겠지만, 세상과 담을 쌓는 자폐적인 생활을 하거나 세상에 나오더라도 거기로부터 도망치는 행동을 반복하기도 합니다.

세 번째는 자기가 피해받은 방식으로 자신을 학대하며 살아가는 것을 보았습니다. 이것은 평생 자신을 용서하지 못하고, 분노, 원한, 증오의 감정으로 발전합니다.

피해자들은 도대체 무엇 때문에 위의 유형으로 살아가는 것일까요? 사람에게 정말 중요한 것이 정체감과 안전감인데 이것이 훼손되었기 때문입니다. '나는 특별한 존재다. 나는 정말 귀한 사람이야. 나는 꼭 필요한 사람이야.'라고 하는 정체감은 사랑을 받으면서 형성되는 것입니다. 안전감은 부모나 양육자로부터 신뢰감을 느꼈을 때 '내가 안전하구나' 하고 안전감이 생깁니다.

그렇다면, 어떻게 해야 훼손된 정체감과 안전감이 복원될 수 있을까요?

제 주변에는 심리 상담을 하는 분들이 많습니다. 남들에게 상담을 제공하지만, 자신의 심리적인 문제는 해결할 수 없어서 약도 먹고, 유명한 상담사를 찾아가 상담도 받습니다. 저는 이런 노력들에 대해 효과가 없다고 생각하지 않습니다. 다만, 예수님 안에서 깊은 사랑과 눈동자 같이 지켜주심을 경험하면 완전히 회복될 수 있습니다.

감옥은 피난처입니다

그들이 그에게 이르되 우리가 꿈을 꾸었으나 이를 해석할 자가 없도다 요셉이 그들에게 이르되 해석은 하나님께 있지 아니하니까 청하건대 내게 이르소서, 술 맡은 관원장이 요셉을 기억하지 못하고 그를 잊었더라(창세기 40:8, 23)

보디발 가정에 종으로 팔려 간 요셉은 그곳에서 10년 동안 최선을 다해 그들을 섬기게 됩니다. 보디발은 요셉과 함께하시는 하나님으로 인해 자신의 가정이 복을 받는다는 사실을 알게 되면서 요셉에게 집안일과 자기가 가진 모든 것을 맡겼습니다. 하지만 음탕한 보디발의 아내는 자신의 성욕을 채우기 위해 매일같이 요셉을 유혹하였습니다. 그러나 요셉은 그녀의 유혹을 과감하게 뿌리치고 하나님 앞에서 자신의 순결을 지키는 선택을 하였습니다. 이에 화가 난 보디발의 아내는 요셉이 자신을 강간하려고 했다며 남편에게 거짓말을 하였고, 화가 난 보디발은 왕의 죄수들만이 갇히는 감옥에 요셉을 가두고 말았습니다.

어느 목회자 아내의 이야기

요셉은 감옥 안에서 술 맡은 관원장의 꿈을 해석해 줍니다. 그리고 3일 뒤, 요셉의 해석대로 관원장은 복직되어 감옥에서 나올 수 있었습니다. 관원장이 옥문을 나갈 때 요셉은 자신도 이곳으로부터 나갈 수 있도록 부탁을 했지만 관원장은 요셉을 잊어버리고 말았습니다. 그로부터 3년이 지난 뒤 파라오가 꿈을 꾸게 되었고, 애굽 전역에 파라오의 꿈을 해석할 자가 없다는 사실을 관원장이 알게 됩니다. 비로소 자신의 꿈을 해석해 준 요셉을 생각하게 되면서 그를 옥에서 나오게 하였습니다.

저는 요셉의 입장에서 생각해 보았습니다. 내가 만일 요셉이라면 이러한 상황 가운데 하나님께 어떤 기도를 드렸을까? 저의 경험에 의하면 무조건 나가고 싶다는 생각만 했을 것 같습니다. 그러면서 "주님, 제가 여기에 올 만큼 잘못하지 않았잖아요? 제가 여기에서 나가면 좋은 일도 많이 하고 예수님도 더 잘 믿을게요." 하며 온갖 떼를 부리고, 타협도 시도했을 것 같습니다. 그러면서 자신의 바람대로 바로 출소한 요셉을 생각해 보았습니다.

과연 그는 그의 생각대로 행복한 삶을 살아갈 수 있었을까? 자신을 누구보다 사랑해 주시는 아버지를 다시 만나는 기쁨은 더할 나위 없었을 것입니다. 그러나 자신의 존재로 인해 난처해질 상황에 놓인 형들과의 관계는 이전보다 더 험악한 상황이 연출되지 않았을까요? 어쩌면 예전보다 더 힘들고 어려운 삶이 요셉의 앞날에 기다리고 있었을지 모릅니다. 그러므로 현재 요셉이 갇혀 있는 감옥은 그가 가장 안전하게 있을 수 있는 곳이 아닌가?

시간이 지나면서 요셉의 기도는 달라졌을 것입니다. "나의 억울함, 나의 계획, 아니 전부를 내려놓겠습니다. 이제는 전적으로 주님의 뜻에 따르렵니다. 나의 주인은 내가 아니라 주님입니다." 요셉은 사방이 막힌 그곳, 바로 감옥에서 하나님과 더 깊은 만남을 경험할 수 있었습니다. 아마도 사방이 열려 있었다면 내가 할 수 있는 모든 것을 찾아 헤맸을 것입니다.

저에게도 감옥과 같은 상황이 여러 번 있었습니다. 기가 막힌 상황 앞에 숨이 깊게 쉬어지지 않았습니다. 그런데 지나고 보니 어둠 속에서 홀로 있었던 그 시간은 하나님께서 나를 위해 예비한 시간이었음을 알게 되었습니다. 모태의 몸에서 태어났지만 하나님의 사람으로 다시 태어나는 경험을 했기에 정말 너무나 값졌습니다.

부족함이 없습니다

여호와는 나의 목자시니 내게 부족함이 없으리로다 그가 나를
푸른 풀밭에 누이시며 쉴 만한 물가로 인도하시는도다 내 영혼
을 소생시키시고 자기 이름을 위하여 의의 길로 인도하시는도다
내가 사망의 음침한 골짜기로 다닐지라도 해를 두려워하지 않을
것은 주께서 나와 함께 하심이라 주의 지팡이와 막대기가 나를
안위하시나이다(시편 23:1~4)

우리는 소소하게 두려움을 가지고 살아갑니다. 나에게
유익하지 않은 것이 올 것이라는 즉, 미지의 것에 대한 두
려움이 많은 것 같습니다. 음식이 떨어져서 굶을 것에 대한
두려움, 실패에 대한 두려움, 사랑·인정받지 못하는 것에
대한 두려움, 지옥에 갈 수도 있다는 두려움, 곤충을 만날
것에 대한 두려움 등 다양하지만, 가장 큰 두려움은 죽음의
두려움일 것입니다.

저의 아이들은 9살, 8살인데 엄마 아빠가 죽는 것에 대해 두려움을 가지고 있습니다. 한때는 자기 전에 매일 이렇게 기도하였습니다. "주님, 저희 엄마 아빠가 천국에 가지 않게 해 주세요." 아이들이 간절하게 기도하는 모습을 보면서 저는 남편에게 "우리 먼 훗날 천국에 못 가면 어떡하죠?" 하고 농담을 했습니다. 제가 아는 어린 친구는 길을 가다가 '머리 위에 돌이 떨어지면 어떡하지?' 비행기를 타고 가는데, '비행기가 추락하면 어떡하지?' 등등 이런 생각 때문에 두려움을 느꼈다고 하였습니다. 그렇게 따지면 우리 주변에는 우리를 두렵게 하는 것들이 너무나 많습니다.

아마 다윗의 상황도 만만치 않았을 것입니다. 다윗은 10년 이상 도망을 다니며 살았습니다. 지금처럼 24시간 열려 있는 식당에 들어가서 밥을 먹을 수도, 호텔이나 모텔에서 잠을 잘 수도 없었을 것입니다. 하지만, 자신을 양에 비유하면서 목자가 양에게 먹을 것과 잠자리 등 많은 것을 제공하듯이 하나님께서 자신에게도 그렇게 해 주셨다고 고백합니다. 또 자신의 죽어 가는 영혼도 살아나게 하고, 구원의 길로 인도해 주신다고 하였습니다. 결론적으로 다윗은 우리에게 너의 목자는 하나님이시니 의식주, 영혼의 문제, 많은 두려움에서 자유로울 수 있다고 알려 주고 있습니다.

　　　　　어느 목회자 아내의 이야기

뉴질랜드에서 가장 많이 본 동물은 '양'입니다. 차를 타고 가다가 저 건너편 산 쪽을 보면, 밥알들이 꿈틀거리는 것처럼 보였습니다. 어느 날, 아이들에게 가까운 곳에서 양을 보여 주려고 농장에 찾아갔습니다. 생각했던 것과 달랐던 것은, 땅이 워낙 넓은 나라여서 모든 양들을 풀어 놓는 줄 알았는데, 그게 아니었습니다. 작은 우리에는 작은 양들이, 조금 큰 우리에는 중간 양들이, 넓은 우리에는 큰 양들이 있었습니다. 그리고 한 우리에서 풀을 다 먹으면, 풀이 자란 장소로 이동을 시켰습니다. 주인이 농장 옆에 살면서 양들을 체계적으로 관리하고 있음을 알 수 있었습니다. 양들이 이 끝에서 저 끝으로 가도 주인의 손안에 있음을 안다면, 두렵지 않을 것 같았습니다.

경계를 넘은 다윗

다윗이 전령을 보내어 그 여자를 자기에게로 데려오게 하고 그
여자가 그 부정함을 깨끗하게 하였으므로 더불어 동침하매 그
여자가 자기 집으로 돌아가니라 (사무엘하 11:4)

힘을 이용해서 타인에게 해서는 안 되는 행동을 한 다윗
왕에 대해 생각해 보았습니다. 다윗에게는 남을 복종시키
거나 지배할 수 있는 공인된 권리와 힘이 있었습니다. 그
힘을 이용해서 우리아 장군의 아내인 밧세바를 아내로 삼
았습니다. 저는 주변에서도 힘의 욕구가 높은 사람들을 종
종 봅니다. 무엇인가를 성취하고 집단을 이끄는 역할을 잘
해 냅니다. 하지만 힘이 왜곡되게 쓰여질 때, 그만큼 부딪
힘이 생깁니다. 저는 밧세바의 상황을 생각해 보았습니다.

다윗의 강한 힘에 눌려서 반항도 하지 못하고 시키는 대
로 했을 것입니다. 그 결과 자신은 임신을 했고 남편은 죽

어느 목회자 아내의 이야기

게 되었습니다. 다윗은 자신보다 힘이 약한 사람은 시키는 대로 하는 것이 당연하다고 생각했던 것은 아닐까요? 다윗은 자신과 타인을 분리하지 못했기 때문에 이런 죄를 지었습니다. 자신이 하나님 앞에 소중한 사람, 특별한 사람이라면 타인도 하나님 앞에 귀한 사람이고, 한 가정의 아내고, 남편이고, 이 가정은 꼭 지켜져야 한다고 생각했을 것입니다.

저 역시도 자녀들에게 이해할 수 있도록 충분히 설명해 주고 선택권을 주기보다, 부끄럽지만 강압적으로 대할 때도 많습니다. 아이들의 입장에서 보면, '엄마가 나를 힘으로 누르는구나'라고 생각하면서 억울하고, 서운함도 느꼈을 것입니다. 타인과 나, 사람과 사람 사이에는 분명한 경계가 있는데, '내 아이니까 내 마음대로 해야지' 하고 행동했거나 아니면 부모로서 자녀를 교육한다는 입장에서 강압적인 방법을 썼을 것입니다. 하나님께서는 저의 속성을 너무나 잘 아시고, 제가 타인의 경계를 침범하는 죄를 지을까봐 십계명을 주셨다고 생각합니다.

5계명 네 부모를 공경하라.
6계명 살인하지 말라.

7계명 간음하지 말라.

8계명 도둑질하지 말라.

9계명 이웃에 대하여 거짓 증언을 하지 말라.

10계명 네 이웃의 아내나 재물을 탐내지 말라.

집단 상담을 하다 보면, 힘의 욕구와 사랑의 욕구가 동시에 높은 분들을 만납니다. 이런 분들의 특징은 친절을 베풀면서 상대를 통제하려고 합니다. 그리고 관계에 있어서 자신의 생각대로 되지 않으면 화가 납니다. 경계를 넘는 자신에 대해 '알아차림'이 필요한 순간임을 기억하면 좋겠습니다.

제발, 저를 가만히 두세요

나면서 못 걷게 된 이를 사람들이 메고 오니 이는 성전에 들어가
는 사람들에게 구걸하기 위하여 날마다 미문이라는 성전 문에
두는 자라 그가 베드로와 요한이 성전에 들어가려 함을 보고 구
걸하거늘(사도행전 3:2~3)

사람의 성격은 환경에 따라 바뀌기도 하는데, 저는 어릴
때부터 사십 대인 지금까지 변하지 않는 것이 있습니다. 그
것은 내향성이 아주 높다는 것입니다. 저는 이 말씀을 보면
서 '나는 사람들에게 무엇을 구걸하며 살았지?'라는 생각이
들었습니다. 어린 시절에 부모님이 걱정할 정도로 혼자 조
용하게 있는 것을 좋아했습니다. 저와 반대로 어머니는 집
에 손님들을 초대하는 것을 즐겼습니다. 저는 이게 큰 스트
레스여서 손님이 올 때마다 제 방문을 잠갔습니다. 그리고
는 어머니께 "집에 아무도 없다고 얘기해 주세요."라고 말
하며 손님들이 돌아갈 때까지 방에서 나오지 않았습니다.

이런 비슷한 일들이 많았기 때문에 제가 목회자의 사모가 되겠다고 했을 때, 어머니께서 걱정을 많이 했습니다. 지금도 가끔 말씀하십니다. 목회자의 사모는 집에 사람들이 오는 것을 좋아해야 한다고요.

20대에 심리 검사를 해 보았는데 결과를 해석해 주는 분이 직장 생활을 할 수 없을 정도로 내향성이 높다고 하였습니다. 정말로 사람들 앞에 서는 것이 두려워서 발표가 있기 며칠 전부터는 잠을 이루지 못하고, 소화도 안 되었습니다. 대학 시절에도 공부가 좋아서가 아니라, 조용한 곳이 좋아서 도서관에 갔었습니다. 나면서 걷지 못하는 사람처럼 저는 이런 극도로 치우친 내향성을 타고났습니다. 그래서 가족과 주변 사람들에게 '조용히 있고 싶으니, 저를 가만히 두세요'라고 구걸하며 살았던 것 같습니다. 최근 검사에서도 사회적 불편감이 가장 높았습니다. 이런 제가 직장 생활을 하며 많은 사람을 만나고 처음 보는 분에게 복음을 전하는 것은, 나면서 못 걷게 된 사람이 예수님의 이름으로 일어나 걷게 된 것과 비슷하지 않을까 생각합니다. 병자의 발과 발목이 힘을 얻은 것처럼 저의 성격적 결함이 힘을 얻었습니다. 죽었다 깨어나도 할 수 없었던 일을 예수님의 능력으로 인하여 할 수 있게 된 것입니다.

내면을 보시는 주님

보라 아버지께서 어떠한 사랑을 우리에게 베푸사 하나님의 자녀

라 일컬음을 받게 하셨는가, 우리가 그러하도다 그러므로 세상

이 우리를 알지 못함은 그를 알지 못함이라 (요한1서 3:1)

    저는 20대 중반쯤, 직장 생활을 시작하면서 외모에 신경을 많이 썼습니다. 어느 날, 거울을 보다가 옆에 계신 어머니께 물었습니다. "나는 왜 이렇게 코가 클까요?" 저의 어머니는 "네가 얼굴이 크잖아." 하고 대답해 주셨습니다. 그럼 "제 얼굴은 왜 이렇게 큰 거죠?", "그건, 네가 어깨가 넓잖아. 하나님께서 너를 비율이 딱 맞게 만들어 놓은 거야. 어깨가 넓은데 얼굴이 작거나, 얼굴이 큰데 코가 작으면 얼마나 보기 싫겠니?" 하는 신앙적이고 과학적인 센스 있는 명답변으로 나름 위로를 해 주셨는데, 저는 더 심각하게 고민에 빠졌습니다.

그 무렵 직장에서도 상사분이 저의 외모에 대해 평가를 하셨는데, 코에 대한 이야기였습니다. 저는 인터넷 검색을 통해 '코 수술'에 대한 정보를 찾아보았습니다. 수술을 하면 더 예뻐질 수도 있지만 다른 곳도 성형을 하게 될 것이다, 코 수술이 잘못되면 비뚤어질 수도 있다는 등. 제 안에서는 수술을 하고 싶은 마음과 걱정스러운 마음이 싸우고 있었습니다. 그날은 성형 수술을 고민하느라 잠을 이룰 수가 없었습니다.

오랜만에 라디오를 켰습니다. 그런데 한 여성의 목소리가 들렸습니다. 대학교 4학년 때 사고가 났었고, 몸의 55%에 3도 화상을 입은 분이었습니다. 현재까지 30번이 넘는 수술을 하였다고 하였습니다. 사회자가 "앞으로도 또 수술을 할 계획인가요?"라고 물었습니다. "저의 몸은 죽으면 흙으로 돌아갈 것이기 때문에 더 이상 썩어지는 것에 마음을 두고 싶지 않습니다. 그렇기에 의사들은 수술을 더 해야 한다고 하지만 저는 더 이상 하지 않을 것입니다." 정확하게 기억은 나지 않지만 예뻐지기 위한 성형은 하지 않겠다고 하였던 것 같습니다. 그리고 사고 이전의 예뻤던 시절로 돌아가고 싶지 않다는 얘기가 오랜 시간이 지나도 기억에 남아 있습니다. 그때 저는 머리를 한 대 맞은 것 같았습니다.

어느 목회자 아내의 이야기

'이분은 하나님의 자녀라는 존재의 본질을 깨달았구나! 그래, 내 아버지가 완전하신 하나님이고, 완전하신 분이 창조한 이 모습 그대로가 가장 아름답지.' 그날 이후로 성형에 대한 생각은 두 번 다시 하지 않았습니다. '주님, 저도 썩어질 외모보다 영원한 것을 바라보기를 원합니다.'

사르밧 과부의
순종을 통한 깨달음

여호와의 말씀이 엘리야에게 임하여 이르시되 너는 일어나 시돈
에 속한 사르밧으로 가서 거기 머물라 내가 그곳 과부에게 명령
하여 네게 음식을 주게 하였느니라 (열왕기상 17:8~9)

아합왕과 이세벨은 갈멜산에서 바알과 아세라 신을 추종
하던 자들이 엘리야와의 승부에서 대패배했다는 소식을 들
었습니다. 그들은 자신들에게 모욕감을 심어 준 엘리야를
죽이기 위해 혈안이 되어 찾아다녔습니다. 하나님은 사르
밧에 있는 과부를 통해 도망자의 삶을 살던 엘리야의 지친
몸과 마음을 회복시켜 주셨습니다.

그곳의 한 과부에게 너를 돌보아 주라 명령했다고 합니
다. 엘리야가 사르밧에 이르렀고 과부를 만납니다. 하나님
의 말씀대로 과부는 아들과 마지막으로 먹을 음식을 엘리
야에게 줍니다. 저는 이 부분에서 과부는 한 번의 식사를

더 하나 혹은 덜 하나 천국에 갈 수 있다는 확신이 있었던 것 같습니다. 그리고 옆에 있는 아들의 생명까지도 '주님의 것입니다'라고 하는 듯합니다.

사실 저는 지금 생각해도 마음이 살짝 아파 오는 기억이 있습니다. 그것은 잠시 동안 남편과 가정에서 개척 교회를 경험했던 적이 있었습니다. 그때 4살의 아들이 어린이집에 가기 전에 "엄마, 오늘은 요플레가 먹고 싶어요. 꼭 사 놓으세요." 하고 갔습니다. 그런데 이것을 살 수 없을 정도로 형편이 어려웠습니다. 저는 이 약속을 지키지 못했고 아이가 실망하는 모습에 마음이 아팠습니다. 남편과 저는 견딜 만한데 우리의 목회로 인해 아이들이 불편함과 어려움을 겪는 것을 보는 것은 참 힘든 일이었습니다.

그러한 삶에서 여러 번 생각했던 것은 '음식이 다 떨어지면, 죽을 수도 있겠구나'였습니다. 그런데 신기하게도 한 분이 쌀을 주셨고 떨어질 때가 되면 또 다른 분이 쌀을 주셨습니다. 어쩌면 그렇게 기가 막히게 떨어질 시점을 아는지, 주님께서 쌀독 옆에서 보고 계시지 않고서는 일어날 수 없는 일이었습니다. 어쨌든 인간에게 가장 낮은 욕구, 1차적인 욕구가 생존의 욕구인데 주님께서 다른 생명을 위해 너의 욕구를 포기하라고 한다면 나는 순종할 수 있을까?

　사르밧 과부의 순종 뒤에 하나님께서 땅에 비를 내리기까지 이 과부의 항아리에 밀가루와 병의 기름이 떨어지지 않게 해 주셨습니다. 그리고 죽었던 아들도 살려 주셨습니다. 주님께서는 저에게 "이제는 1차적인 욕구에서 벗어나거라. 그러면 타인을 살리라는 나의 명령에 순종할 수 있단다. 그리고 먹는 것과 너의 자녀까지 주관하는 나를 경험하게 될 것이다."라고 말씀하는 것 같습니다.

　　　　　　　　　어느 목회자 아내의 이야기

천국에 계신 아버지께
드리는 편지

사랑하는 자여 내 영혼이 잘됨 같이 네가 범사에 잘되고 강건하

기를 내가 간구하노라(요한 3:2)

2023년 3월의 어느 날, 아이들이 어리기에 교회 새벽 기도에 가지 못하고 깨어 있었습니다. 그런데 여느 때와 달리 이른 시간에 휴대 전화의 진동 소리가 들렸습니다. 남동생으로부터 아버지께서 돌아가셨다는 얘기를 듣게 되었습니다. 그 얘기를 듣는 순간 깊게 숨이 쉬어지면서 '하나님의 품에 안기셨구나' 평안함이 저를 감쌌습니다.

1년 전으로 거슬러 올라가면, 예산으로 출장을 가는 길에 운전을 하며 아버지를 위한 기도를 하였습니다. 그런데 하나님께서 아버지를 데리고 가실 것 같은 느낌이 강하게 들었습니다. 저는 믿어지지가 않아 주님께 정말 데리고 가실 것인지 물으며 애타게 부르짖었습니다. 그렇게 왕복 4

시간 동안 하나님께 눈물 콧물 흘리며 애걸복걸했지만, 하나님의 계획은 변함이 없는 것 같았습니다. 저는 출장을 마치고 저녁쯤에 집에 도착하자마자, 아이들을 태우고 부모님 댁으로 향했습니다. 제일 먼저 어머니께 아버지를 보내는 준비를 해야 할 것 같다고 말씀드렸습니다. 그리고 다른 가족들에게도 하나님께서 아버지와 좋은 추억을 만들 수 있도록 특별히 허락한 시간이라고 얘기해 주었습니다.

아버지의 장례를 치르는 중, 입관 예배를 드리기 위해 가족이 영안실에 모였습니다. 마지막으로 본 아버지의 얼굴은 병으로 누워 계셨던 모습이 아닌 건강했던 모습이셨고, 편안하게 주무시는 듯했습니다. 하나님의 품에 안긴 것에 대해서 의심할 여지가 없었습니다. 보통 이 시간에 많은 눈물을 흘린다고 들었는데, 눈물이 나지 않았습니다. 그것은 천국에 대한 소망이 있기에 전혀 슬프지가 않았던 것입니다. 누군가 신앙은 죽음을 잘 준비하는 것이라고 했는데, 실로 믿는 자에게 죽음은 슬프고 고통스러운 것이 아니라는 것을 경험했습니다.

어느 목회자 아내의 이야기

아버지께

아버지께서 병과 싸우다 하나님의 품에 안긴 지 일주일
이 지났어요. 마음을 추스르고 있지만, 계속 생각나고 보고
싶어요. 지금 당장이라도 전화를 하면 받을 것 같은 착각을
합니다. 이렇게 아버지는 오랜 시간이 지나도 언제나 제 마
음속에 있을 거예요. 그동안 아버지께 여러 번 말씀드렸는
데, 저희 4남매를 위해 몸이 상하도록 고생하셨고, 그 헌신
이 있었기에 우리가 존재할 수 있었어요. 아버지, 늘 아버
지의 깊은 사랑을 기억하고 유산으로 물려주신 믿음도 잘
지킬게요. 그리고 주님께 복음 전하는 도구로 사용 받다가
아버지 만나러 갈게요. 저는 천국에 두 분의 아버지가 계시
니, 세상에 부러울 것이 없답니다. 다시 만나요.

아버지, 제가 대학교 1학년에 입학하여 전체 신입생 환
영회를 했던 날 기억하세요? 이날 유아교육학과 대표로 춤
대회에 나가서 1등상 20만 원을 받아 왔어요. 아버지께서
는 내 딸이 도대체 어떤 춤을 추었길래 상까지 받았냐고 궁
금해하셨죠. 또 평소에 조용하고 부끄러움을 많이 느끼는

성격인데, 사천 명에 가까운 학생들 앞에서 춤을 춘 것에 신기함을 감추지 못하셨어요. 저는 아버지의 궁금증과 신기함을 해소해 드리기 위해서 음악도 없이 코믹한 춤을 보여 드렸잖아요. 20살의 나이를 잊고, 어린 시절로 돌아간 듯 팔다리와 몸을 열정적으로 흔들었어요. 아버지께서는 이런 저의 모습을 상상이나 했을까요? 엄마와 함께 배를 잡고 방바닥을 뒹굴며 한참을 웃으셨답니다. 그때 아버지의 모습을 떠올리니, 저의 입가에도 웃음이 번지네요. 천국에서도 그렇게 마음껏 웃으면 좋겠어요.

아내에게 보내는 남편의 편지

나의 사랑, 나의 어여쁜 해솔.
당신의 생일을 진심으로 축하합니다.

언제 이렇게 시간이 흘렀나 싶을 정도로 우리가 결혼한 지도 벌써 10년이 지났네요. 당신의 생일을 준비하면서 느꼈는데, 그동안 제대로 챙겨 주지 못해서 미안한 마음이 많이 앞섭니다. '내년에는 더 잘해 줘야지' 하는 마음을 가지고 있으면서 실행에 옮기지 못하는 나의 부족함을 탓해 봅니다.

당신을 생각할 때마다 항상 고맙고, 감사한 마음뿐입니다. 특별히 우리 아이들을 너무나 건강하게 양육시키는 당신의 모습을 보면서 최고의 엄마라는 사실을 인정하지 않을 수 없습니다. 너무나 못난 남편인데도 그리스도의 사랑으로 이해하고 용서함에 감사합니다.

언제나 그렇듯이 당신은 하나님께서 부족한 나에게 보내 주신 최고의 선물입니다. 주어진 일들에 대해 억척스러운 당신의 모습을 보면 많이 안타깝고, 어떤 도움도 줄 수 없을 때에는 남편으로서 많이 미안하고, 안쓰러웠습니다. 그리고 최근에는 무턱대고 짜증 내고 화도 냈는데, 반성합니다.

조금씩 차차 나아지는 당신의 남편이자 아이들의 아빠가 되기를 약속해 봅니다. 그리고 모세처럼 온유한 사람이 되도록 기도하겠습니다. 아직도 갈 길은 멀지만, 지금 이 모습 이대로 우리 변하지 맙시다. 하나님께서 우리 가정을 선한 길로 인도하실 것을 믿고, 오늘 하루도 믿음의 가정으로 행복하게 살아갑시다.

다시 한번 진심으로 생일을 축하하고, 아이들의 엄마가 되어 주어 감사하고, 못난 남편의 아내가 되어 준 당신을 진심으로 사랑합니다.

2023. 5. 30.
송으로부터

어느 목회자 아내의 이야기

저는 매해 저의 생일 때마다 남편에게 편지를 달라고 부탁합니다. 그 어떤 선물보다 남편의 고백이 듣고 싶기 때문입니다. 1년에 한 번씩 편지를 받다 보니, 꼭 들어가는 내용이 있다는 것을 알게 되었습니다.

그것은 자신은 부족한 남편이고, 잘해 주지 못해서 미안하다는 것입니다. 저는 남편의 마음을 잘 압니다. 저에게 많은 돈을 줄 수 없기에 이렇게 느낀다는 것을. 지금보다 돈이 많다는 것을 상상해 보면, 저의 행복 지수에 얼마만큼 영향을 줄지 가늠이 되지 않습니다. 그렇지만, 지금도 충분히 행복합니다. 그러니 미안함에서 벗어나면 좋겠습니다.

남편에게 보내는 아내의 편지

여보, 함께 생활한 지 14년이 되었네요.

매일 새벽 3시 30분에 집을 나서는 당신을 보면서 하나님의 다리를 붙드는 심정으로 기도합니다.

'남편을 통해 하나님의 뜻이 이루어지기를 원합니다. 많은 영혼과 생명이 살아나고, 주님께서 영광 받으시기를 원합니다.' 당신을 위한 기도는 시간이 흐를수록 더 간절해지네요. 사실 목회에 어려움이 있었을 때 '나의 기도가 부족한 것은 아닌가?' 하고 저를 돌아보기도 했습니다. 그리고 힘든 아들을 업고 걸어가는 심정으로 기도할 때도 있었습니다. 당신의 아내이기 때문이기도 하지만, 그보다 하나님께서 저를 동역자로 부르셨기에 매 순간 마음을 다잡고 기도하며 걸어왔습니다.

우리가 처음 만난 날, 당신이 목회자 아내의 삶을 존중해주고 싶다고 했던 말 기억하는지 모르겠네요. 저는 그 약속을 하나님의 응답으로 받으며 결혼을 했었죠.

어느 목회자 아내의 이야기

그런데 그 약속을 지금까지 지켜 주고 있는 거 아세요? 당신의 존중으로 인해 신앙적인 성장을 이룰 수 있었습니다. 그리고 저는 시시때때로 변했지만, 말없이 기다려 주어서 제가 제자리로 돌아올 수 있도록 해 주었습니다. 아직은 멀었지만 덕분에 인격적인 성장도 할 수 있었습니다. 저보다 더 깊고, 넓은 사랑을 베풀어 주어서 고맙습니다.

더 자고 더 쉬고 싶을 텐데, 늦은 시간까지 설교를 준비하는 모습을 볼 때면 생명이 주님께 있는 것을 믿으면서도 과로로 쓰러질까 걱정이 됩니다. 틈틈이 건강 관리하는 것을 잊지 말아 주세요. 그리고 우리 하나님께서 허락하는 시간까지 순수하고 참되게 목회합시다. 부족한 저이지만, 당신에게 힘이 되어 줄게요.

끝으로 제가 당신에게 매일 하고 싶은 말은, "고맙고, 사랑하고, 존경합니다."

2023. 6. 10.

해솔로부터